각자의 사연

각자의 사연

1쇄 찍음 / 2007년 4월 10일
1쇄 펴냄 / 2007년 4월 15일

지은이 / 한상희
펴낸이 / 김태봉
편 집 / 황은진, 김주영, 정종해
영 업 / 박상필, 김미란, 이준혁
등 록 / 제5-213호
펴낸곳 / 한솜미디어
주소 / (우143-200) 서울시 광진구 구의동 243-22
전화 / (02)454-0492, 팩시밀리 (02)454-0493
HomePage http://hansom.co.kr
E-mail hansom@hansom.co.kr

값 7,000원

ISBN 978-89-5959-099-5 03810
*잘못 만들어진 책은 구입하신 서점에서 친절하게 바꿔드립니다.

각자의 사연

한상희 지음

한솜미디어

이 글을 홍상수 감독님에게 바칩니다.

글을 시작하는 이 문장과 함께 나는 이 글을 쓰기 시작한 것에 대해 후회를 하고 있다. 시작하리라고 마음먹은 후에도 쓰는 동시에 후회할 걸 알고 있었다. 이렇게 한 글자 한 글자를 이어서 단어와 문장, 결과적으로 어떤 메시지가 담긴 글을 남긴다는 것이, 그리고 그것을 남에게 읽게 한다는 것이 나에게는 엄청난 무게를 지닌 죄목이기 때문이다. 하지만 지금 내가 사람으로서 화를 풀 수 있는 마지막 방법이 이것이고, 이젠 죄를 짊어지고 소멸할 준비가 다 되었기 때문에 이 글을 쓴다.

그래도 미안한 마음을 조금 덜기 위해서 내가 할 수 있는 한 가장 섬세한 사고를 흠집 내지 않고 고스란히 글로 옮기려 노력할 테지만, 그것은 이미 실패가 결정된 일이므로 당신에게 매우 미안하게 생각한다. 아마도 당신이 글로 전달받게 될 나의 사고는 엄청나게 거친 왜곡의 결정체일 것이다.

내 사과를 받아 줄 마음이 없는가? 어쩔 수 없다.

당신은 이미 '내'가 뱉어낸 '글'을 읽어버리지 않았나. 당신은 이미 늦었다.

'복에 겨운 소리'라는 건 있을 수 없다.

그곳은 내가 유치원에 가기 위해서 항상 지나쳐야 했던 언덕길이었다. 나와 오빠, 그리고 내 친구 이렇게 세 명이서 그 길을 걷고 있는 것이 보인다. 길에서 김밥을 사 먹고 있었던가. 아무튼 우리는 즐거워 보였다.

순간 네모난 틀에 담겨 있던 그 장면의 가장 자리가 일그러졌다. 오빠와 친구의 형체도 함께 일그러졌다. 그 둘은 일그러지면서 허공으로 떠오르더니 나만 남겨두고 일그러짐의 중심으로 사라져 버렸다. 나는 혼자 남아 두리번거렸다. 몸속에서 '쿵쿵'하는 소리가 들렸다.

어쨌든 나는 다시 언덕길을 걸어갔다. 유치원에 도착해야 했기 때문이다. 오빠와 친구는, 집에 돌아가면 있을 것이라 생각했다.

평소의 언덕길은 이렇게까지 길지 않았는데, 그날따라 언덕길의 끝이 아득하게 느껴졌다. 그 아득함의 끝에 벤치가 하나 있었다. 벤치에는 커다란 모자를 쓴 여자가 앉아 있었다. 여자의 모자는 연한 보랏빛이었다. 모자의 챙이 넓어 여자의 얼굴이 보이지 않았다. 나의 발걸음이 빨라진 것은 아니었는데 그 여자가 앉아 있는 벤치가 나에게 빠른 속도로 다가오기 시작했다. 저 여자랑 닿으면 나는 끝장이야, 저 여자랑 닿으면 나는 끝장이야….

한 쪽 귀 가까이서 웅웅거리는 소리가 들려왔다. 그리고 나는 그 두려움을 동반한 희열이 언제까지고 계속되길 바랐다. 그 언덕이 영원한 시공간의 영역이기를, 몽롱한 의식 속에서 바라고 있었다.

하지만 그것은 영원할 수 없었다. 그것은 죽음이 아닌 꿈이었기 때문이다.

영원의 막막함과 삶의 고단함을 두고 하나를 택하라면 난 언제나 영원의 막막함을 택했으리라. 어차피 삶의 고단함 뒤에 영원의 막막함이 오는 것이라면 앞의 과정은 생략해버리고 뒤의 과정을 견디는 것이 나에겐 더 쉬울 것 같았다.

슈퍼 마켓에서 두부를 사 왔다. 물기가 가득한 희고 네모난 두부.

오늘 저녁에는 이 두부를 부쳐 먹어야지, 하고 생각한다. 나는 두부의 포장을 벗긴 채 창문 앞에 두고는 그 두부에 대해 까맣게 잊고 있었다. 물론 그 날의 저녁은 두부가 아니었다.

여러 날이 지났고, 나는 그 두부의 존재를 계속 잊고 있었다. 어느 날 문득 생각이 나서 두부를 놓았던 곳으로 가 보니, 두부는 썩어 있었다. 촉촉하던 표면은 쭈글쭈글해지고 하얗던 빛깔은 푸르스름하게 변해 있다.

나는 그 두부를 부엌으로 가져가, 칼로 썰어서, 입에 넣는다. 칼로 썰어서, 입에 넣는다. 칼로 썰어서, 입에 넣는다.

어쩌면 나는 이 상황을 기대하고 조작했는지도 모른다.

아주 오래 전부터.

내가 나의 '의식 있음'을 자각하는 데에는 그리 오랜 시간이 걸리지 않았던 것으로 기억한다. 어쩌면 태어남과 동시에 이루어졌을지도 모르겠다.

그러나 나는 나보다 먼저 살았던 이들이 이룩해 놓은 문명과 그것의 산실인 이미지들의 침투를 받으며 오랜 기간 나의 의식에 대해서 어떠한 태도를 취할 것인지를 보류하며 살고 있었다. 아니, 보류하며 살 수 있었다.

그러나 아주 어린 날의 기억이 희미하게 떠오름과 동시에 내가 나의 '의식 있음'을 원망하게 되는 데에도 역시 그리 오랜 시간이 걸리지 않았다.

어린 시절, 나에게 지각되는 나의 의식은 추상적이나마 형태를 띠고 있었다. 그것은 거실에 있는 소파에 몸을 뉘이고 눈을 감았을 때, 내가 소파에 묶인 채 꼬치구이처럼 빙빙 돌아가는 형태였는데, 그렇게 빙빙 돌며 소파와 함께 영겁의 공간으로 빨려 들어갈 때, 언제나 이렇게 생각했다.

어려진다. 어려진다. 다시 엄마의 뱃속으로 들어간다. 수정됐을 때로 돌아간다. 수정 전으로 돌아간다.

거기까지만 가면 그 다음 같은 과정을 밟는다고 해도 그 결과물은 '내'가 아닐 것이란 확신이 들었다. 그리고 내가 이런 생각을 하고 있음을 의식하게 만들도록 나를 태어나게 한 부모를 원망했다.

그리고 몇 년이 흘러 나 역시 대다수의 다른 아이들과 마찬가지로 학교제도 속으로 뛰어들게 되었다. 그 곳은 그 나름대로 흥미로운 곳이었다. 학교는 그 자체로 하나의 작은 세계였고 그 곳에서 지켜야 할 규칙들과 행동 요령 등은 어느 정도 터득할 수 있었다. 터득하지 못한다고 해도 인생이 끝장날 만큼의 대가가 돌아오는 것은 아니었다. 그러니까, 좀 멋모르고 날뛰어도 추방당하거나 매장당하지는 않았다는 얘기이다. 학교의 규칙과 '나의 규칙'이 자연스럽게 공존할 수 있었다.

그 시기에는(매 순간 그랬던 것은 아니지만) 마치 성취욕을 마취제로 맞은 듯 목표 지향적인 태도를 가지고 있었다. 아니, 그런 태도를 가져야만 한다는 강력한 최면술에 너무나 쉽게 걸려들었다. 하지만 고교시절의 절반가량이 지났을 때, 뒤틀림의 예고가 시작되었다. 눈치 챘어야 했고(막아야 했던 건 아니지만), 좀 더 마음의 준비를 했어야 했다. 아니다, 준비라고 해봤자 별 소용도 없었을 것이다. 시간이 가서 어떻게든 되기를 기다리는 수밖에 없었을 것이다. 그리고 실제로 나는 그렇게 했다. 엄습하는 변화의 그늘에 대해 불안한 마음도, 성가신 마음도 들지 않았다. 아직은 학교라는 작은 세계가 내가 짊어져야 하는 전부였다. 그리고 내가 속한 가족이라는 또 하나의 집단은 언제나 나를 혼란스럽게 만들어왔기 때문에 새삼 그것에 대해서 두려워할 필요가 없었다.

하지만 사실 조금 두근거리는 마음은 있었다. 이제 곧 이 작은 세계를 벗어나야 함을 알고 있었고, 새로운 규칙을 익혀야 함을 알고 있었고, 곧 내 사고가 좀 더 멀리의 세계를 인식해야 함을 어렴풋이 느끼고 있었다. 피하고 싶은 마음은 없었다. 그 때는 의욕이라는 게 내게도 있었다(아니, 어쩌면 학창시절이라는 시기의 뒤로 그것을 굳이 미룰 필요는 없었는데 조금 두려운 마음에 미뤘던 것인지도 모르겠다).

시간은 흘렀고, 사람들이 시간을 인위적으로 분절해놓은 '졸업식'이라는 것을 계기로 나는 학교 밖으로 내던져졌다(당시엔 정말 우습다고 생각했다. 하나의 '의식'을 치렀을 뿐인데 그 전과 후에 마치 내가 다른 사람이라도 된 것처럼 행동해야 했다).

그리고 나는 다시 어린 시절의 꼬치구이상태를 떠올렸다. 아니, 그 자신이 스스로 떠올랐다(학창 시절에 그 형상과 그 기분을 완전히 잊고 있었던 것은 아니지만, 그때는 그것이 나를 괴롭히지 않았다. 그저 멍한 상태로 나를 이끌었을 뿐이었다).

그러고 나서 나의 원망은 급격하게 깊어지기 시작했다. 이번에는 꼭 집어 부모에 대한 원망만은 아니었다. 알 수 없는 대상을 향한 무책임한 비난이 나로부터 쏟아져 나왔다. 그들은 갈 곳을 찾지 못하고 다시 나에게로 돌아왔다.

모든 것에게는 처음과 끝이 있을 뿐이다. 그 사이를 이어주는 시간은 길던 짧던 끝을 향해 달릴 뿐이다. 이 시작과 끝을 인지해 버리고, 그 사이 시간의 근본적 허망함을 알아버린 사람에게, 그리고 삶에 대해 어떤 태도를 취해야 안정적일 것인지 감조차 잡지 못하는 사람에게, 자살이란 매우 타당하고 신속한 해결방법이다.
물론 불안정한 상태를 숙명적으로 받아들여 그대로 품으며 살아갈 수 있는 사람들에게는 자살이 비겁한 행동으로 보이겠지만, 나란 인간은 그렇게 강하지 않다는 것을 초침으로 분절된 단위의 시간이 흐를 때마다 조금씩 조금씩 알게 되었다. 특별한 계기나 자극 없이도 자연스럽게 알 수가 있었다.

나에겐 그 불안정함을 감당해 낼 용기도 자신도 없다고. 스스로 이쯤에서 끝내지 않으면 난 평생 생명이 붙어있음에 괴로움을 느끼며 끝이 오기만을 지루하게 기다릴 수밖에 없다는 것을.

정말 지루하게.

외출을 할 때 마다 살아 움직이는 수많은 사람들을 보게 된다. 출근시간이나 퇴근시간에 특별히 그들의 모습은 맹렬한 생명력을 지니고 있다. 나 보다 짧은 시간을 산 듯 보이는 사람도 있지만 여전히 나보다 오랜 시간을 산 듯한 사람들이 더 많이 눈에 띈다.

저들은 자신들이 끝을 향해 가고 있다는 걸 알고 있을까? 어떻게 저토록 역동적인 기세로 처음과 끝의 사이를 채워나갈 자신감을 가진단 말인가? 아니, 저들 중 많은 사람들은 자신감이 없을지도 모른다. 그렇다면 나를 포함한 그들은 어떻게 생명을 유지하는가? 호흡하는 긴 긴 시간을 어떻게 견딜 수 있단 말인가? 의식이 깨어있는 매 순간들을?

사람이 애써서 전진시키려고 하지 않아도 유일하게 스스로 흘러가는 것은 시간뿐이다. 단지 그 시간만을 신뢰하며 살아가고 있는 것이다. 다만 누군가는 자신의 논리적인 신념의 체계를 다수의 타인들과 공유하며 안정적인 정신 상태로 시간에 몸을 내맡기고 있는 것이고, 누군가는 혼자만의 논리체계, 혹은 벌거벗은 정신을 가지고 힘겹게 그 시간을 메워 나가고 있는 것이다.

나는 나이를 먹어갈수록 전자에서 후자 쪽으로 이동해 가고 있다. 후자 중에서도 '벌거벗은 정신을 가진 자'에 가까운데, 이것은 잠을 오랜 시간 자지 않아서 눈알이 빠질 듯하고 귀에서는 '띵-' 하는 소리가 울리는 상태와 비슷한 것이다.

나의 정신 혹은 의식이 벌거벗기 시작한 것은 특별히 대단한 계기가 있었던 것은 아니다. 그건 사소하게 언어에 대한 의심을 가지면서부터이다. 어릴 적 국어 교과서에 나왔던 말 한마디, '언어의 분절성'이라는 그 말 한 마디가 사건의 시작이었다.

교과서는 이렇게 설명하고 있었다.

12월 31일과 1월 1일의 시간은 끊이지 않고 흐르는 것이지만 인간의 편의성을 위해 시간을 구분하고 각각에게 날짜를 부여하여 1월 1일을 '새해'라고 부르는 것이라고(마치 졸업식과 같지 않은가!). 하지만 나의 흐리멍덩한 생각의 끝은 언어의 분절성이라는 것이 1월 1일을 새해라고 부르는 것처럼 간단한 것이 아니라는 것을 가리키고 있었다.

사람은 언어를 통해 '언어로 표현되지 않은 부분들을 포함한' 세상을 보는가 아니면 우리의 언어가 있음으로 해서 세상이 우리에게 인식되는가 하는 고리타분한 질문에 대한 답은 결정하기를 포기한 지 오래이다. 하지만 아무리 생각해도 사람의 언어는 인위적으로 만들어진 것인데, 그리고 소통의 편의성을 위해 존재하는 것인데, 언어가 세상의 모든 것을 인식하는 도구가 될 수 있을까(그리고 '세상'이란 것은 어디까지를 그 범주로 삼고 있는가? 실체가 있는가?)? 나는 과연 언어만을 도구로 해서 사고를 하는가? 어떠한 언어로도 지시되지 않는 것의 존재를 분명하게 느끼고 있지는 않은가?

그리고 언어의 탄생 목적이 사람들 간의 소통을 위한 것이라면 감정적인 형용사의 사용은 어떻게 받아들여야 하는가? '나는 행복해'라고 누군가 나에게 말을 한다면 '행복하다'는 말에 대해서 상대방과 내가 가지고 있는 의미의 면적이 과연 얼마나 겹쳐질 것인가? 혹시 교집합이 전혀 존재하지 않을 것이라고는 생각해보지 않았는가? 사람의 감정이란 것은 매우 미묘해서 어떠한 언어로도 짚을 수 없는 부분이 있다. 그런데 내가 그 상태를 '사랑 한다'라고 칭하고 다른 사람은 전혀 다른 상태를 '사랑 한다'고 칭한다면 나와 그 사람간의 의사소통은 무너지고 '사랑 한다'는 말은 존재의 목적을 달성하지 못한 채 허공으로 흩어진다. 그렇다면 모든 감정적인 형용사는

애매모호함을 그 본질로 가지고 있을 뿐 본연의 목적인 '의사소통'에는 약간의 도움만을 줄 수 있을 뿐인가? 그런데도 감정적인 형용사를 사용해야 하나, 그 말들의 기원은 대체 무엇이었을까.

여기까지 생각하다보면 또 하나의 질문이 내 사고의 전진을 가로막는다. 언어가 반드시 '완전한' 의사소통을 지향해야만 한다고 누가 그랬는가? 그리고 나는 다시 내 사고의 수레바퀴 속으로 뛰어든다. '하지만 불완전한 의사소통이 쌓이고 쌓여서 언어에 대해 회의적인 태도를 취하게 되고, 후회하게 되고, 죄책감을 느끼게 된단 말이야. 그런데 왜 나는 '완전하다'와 '불완전하다'를 두고 우열을 가리고 있지? 그것의 우열을 가리려는 나의 기준은 어디서부터 기원한 것인가? 의심해 보아야 할 것은 아닐까…. 만일 그 기원을 찾지 못한다면 감정적인 형용사에 대한 회의도 보류해야만 한다….'

이와 같은 쳇바퀴 속에서 계속해서 돌다보면 모든 것이 모호해지고 쳇바퀴는 계속해서 작아진다. 그리고 곧 내가 돌고 있는 이 쳇바퀴의 모순을 발견하게 된다.

그 뒤엔 그 모순에서 벗어나고자 타인의 충고에 귀를 기울이게 되지만, 그 충고에서도 모순을 찾아내고 의심하고, 결국은 다시 원점으로 돌아오게 된다.

이 지루한 제 자리 걸음.

의심의 빈도는 점점 더 촘촘해지고 의심의 대상도 끝없이 줄을 서고, 그리고 결국 그 의심의 출발점이자 끝인 위태로운 자리에는 의심의 주체인 내가 있다.

하지만 나는 그래도 어떤 절대적인 기준, 가치판단 따위를 도울 수 있는 가느다란 선이라도 발견하려고 발버둥쳤다. 아, 그래, 그때는 간절했다. 나의 관심은 온통 '진리'의 존재 여부에 쏠려 있었다. 그래서 뒤지기 시작했다. 말들을 뒤지기 시작했다. 물론 과거의 말들은 글로 접근할 수밖에 없었지만.

누군가 절대적인 진리를 내세운 사람이 있기를 기대했던 걸까? 글쎄, 지나고 생각해 보면 단지 나의 불안정함을 조금이라도 다잡기 위한 야무진 노력이었던 것 같다. 언어가 인식을 위한 도구라고 생각하고 있었으면서 나와는 시공간적으로 멀고 먼 사람들과 언어를 통해서 완전한 소통을 하려 했다니.

처음부터 완전하게 가능할 것이라고 생각지는 않았지만, 내가 그 당시 택할 수 있는 방법은 그것뿐이었다. 그 길고 지루한, 게다가 고통스럽기까지 한 나의 탐구가 지쳐갈 때쯤, 마지막 힘을 짜내서 생각한 것은 이것이었다.

나에게 절대적인 빛을 비춰 주리라 기대했던 사람들 모두가, 결국은 절대와 진리는 없음을 증명하고 있었다.

그것도 화려할 정도로 다각도에서, 파악할 수 없을 정도로 복잡하고 막다른 길을 지나면서 말이다. 단 한 가지, 공(空)의 존재를 증명하기 위해 무시무시한 역사가 축적되어 온 것이다.

어쩌면 그들은 그 헛된 수고의 과정에서 쾌감을 느꼈을지도 모른다, 그렇다면 그들의 말장난과 무리지어 살아가는 형태로 존재했던 수많은 인간들이 만나 생겨난 셀 수 없이 많은 기준들, 우열의 존재, 가치관들은 실수들의 축적인가? 분명하게 존재하는 문화, 정치, 제도 등등을 나는 어떻게 받아들여야 하는가?

마음 같아서는 시간을 되돌려 나 혼자서 인류의 기원부터 지금까지 대체 어떤 일들이 일어난 건지, 어떤 선택과 충돌로 인해 지금의 모습을 하게 된 것인지 경험해 보고 싶었다.

하지만 내 머릿속에서는 정말 내가 인류의 기원의 시간으로 되돌아간다고 해도 피할 수 없는 우연과 결과들에 대한 생각으로 가득 찼고, 그것들을 피하려면 어떻게 해야 하는지에 대한 말도 안 되게 뒤엉킨 생각의 고리들이 단 한 가지도 명확하게 사고해 낼 수 없도록 만들었다. 나의 사고가 닿을 수 있는 영역에서는 아무런 해결책도 없었고 아주 짧은 어떠한 연계성도 발견할 수 없었다.

그렇다면 가치판단은 애초부터 불가능하다.

언어에서 시작한 생각이 '그렇다면 가치판단은 애초부터 불가능하다'까지 진척이 된 이상, 나에겐 더 이상 붙잡을 것이 없었다. 불안감이 엄습해 왔다. 나의 사고 회로는 언어뿐만 아니라 모든 것들, 내가 생각해 낼 수 있는 모든 것들 중 어떤 것에서부터 시작해도 비슷한 과정을 거쳐 같은 결론에 도달하도록 되어버렸다.

의심, 또 끝없이 꼬리를 무는 의심에 대한 의심, 모순의 발견, 다시 의심….

그리고 그 결론 후의 과정은 더욱 더 불안정했다.

가치 판단이 불가능하다면 사람의 사고로 결정해 낼 수 있는 것은 아무 것도 없다. 여태껏 인류가 이루어 온 문명들은 모두 착각에서 비롯된 실수의 침전물들이다. 하지만 그 어떤 기준도 존재하지 않는다면 기준 없이 판단해낸 모든 것들에 반드시 '잘못된 것' 이라는 꼬리표를 다는 것도 웃기는 노릇이다.

자, 이제 어떻게 되었는가? 꼼짝할 수 있는가? 말 한마디 내뱉을 수 없고, 오감을 의심하지 않을 수 없고, 따라서 오감을 통해서 일어나는 감정들도 믿을 수 없고, 그렇다고 해서 그것들을 믿지 않는 내 자신이 옳은가? 하고 생각하면 그것은 또 아니다, 그렇다면 옳다와 그르다, 그것의 기준은 또 무엇인가? 그 기준이 되는 사회적 도덕의 기원은 어디인가? 그리고 반드시 옳아야만 하는가?

나는 실어증에 걸린 아메바처럼 어떤 적극적이고 자발적인 몸짓도 할 수 없었다.

잠이 드는 것, 그 잠시 동안의 평화, 그것만이 내가 영원히 머물렀으면 하는 상태였다. 그리고 나는 이 회로에 점점 빠져들기 시작했다. 잠을 자는 것에 집착하기 시작했다. 그 집착의 강도에 시간의 강도가 더해져 나의 무기력함은 한순간의 예외도 없이 점점 더 심해져 갔다. 아니, 내가 무기력하다는 것을 느낄 만한 예민함도 없이 난 그저, 잠, 잠….

무기력함이 뱉어내는 공허함. 그것의 크기가 내가 감당할 수 없을 만큼 거대해지는 데에는 긴 시간이 필요하지 않았다. 아니, 다만 얼마간의 순간의 축적이 필요했을 뿐이다.

사실 그것은 생성된 것이 아니었다. 내가 알지 못했을 뿐 언제나 내 주변에, 그 자리에 황망하게 존재하고 있었고, 난 다만 그것을 발견한 것뿐이었다. 나의 존재와 함께 그것의 존재는 필연적으로 함께여야만 했다. 어릴 적 꼬치구이가 된 나를 실은 소파가 빨려 들어가던 영겁의 공간이 바로 그 공허함이었음을, 그제야 짐작할 수 있었다.

이쯤 되어서 피로와 짜증에 절은 나의 심신을 다시는 일어설 수 없도록 만든 질문이 하나 떠올랐다.

"과연 모든 결과에는 이유가 필요한가?"

이런 생각들이 급기야 나의 일상생활에까지 영향을 미치게 되었다. 나는 미칠 듯한 죄의식에 시달렸다.

절대 알 수 없다고 생각되는 것들을 내가 납득할 수 있는 정당한 이유도 모른 채(게다가 이유가 과연 '모든 결과에'존재해야 하는지 조차 모르지 않는가!) 평생 동안 남용해 왔고, 지금도, 앞으로도 그러지 않으면 안 된다고 생각하니 눈앞은 두려움의 그림자로 컴컴해져 왔다.

더 이상 생명이 붙어있는 시간을 지속시킬 자신이 없었다. 그러기엔 내가 짊어져야 할 죄가 너무 무거웠다(사실 내가 죄책감을 느끼는 것 자체도 우스운 일이다. 절대자의 존재를 믿지 않으며 어떠한 가치판단도 할 수 없다고 좀 전까지 씨부렁대던 내가 내 말을 완전하게 배신하는 '죄'라는 개념을 짊어질 수는 없는 노릇이다. 하지만 나는 영락없는 인간이기 때문에 죄책감이라는 단어를 알고 그 기분을 알아버린 이상 여기서 죄책감을 느낄 수밖에 없었다).

현실의 나는 학교도 다녀야 했고, 친구들은 물론 가족들을 상대로 관계를 지속시켜야 했고, 뭐든 돈을 벌 수 있는 직업을 가지기 위해 공부를 하지 않으면 안 되었다. 사실상 이 일들을 수행하는 데에 큰 용기가 필요하다거나 나의 능력 밖의 것이라거나 한 것은 아니었다. 나의 의심 따위 엉덩이로 깔고 앉아 열심히 '살아있으면' 될 일이었다.

단지 이 모든 것이 시간과 단단하게 결부되어 있다는 것이 문제였다. 내가 말을 내뱉는 한 순간, 걸음을 내딛는 한 순간, 그림을 그리고 글을 쓰는 매 순간마다 죄를 짓는 느낌을 떨칠 수 없었다.

시간의 흐름 = 죄의 축적. 형체도 없는 시간을, 너무나 기약 없고 손 댈 수 없어서 공포감마저 느껴지는 시간을, 나는 끊임없이 시간의 시각적 형태인 시계 바늘을 통해서 확인해야만 했다.

그리고 그에 따라서 나의 죄책감은 감당할 수 없을 만큼 커져서 내가 살아있음을 느끼는 모든 순간,

호흡하는 모든 순간에 내가 무엇을 어찌해야 할지 몰라 쩔쩔매는 상태가 되었다. 살아있는 것, 그것이 나에겐 죄 그 자체였다.

게다가 내가 죄의식을 느끼는 것에 대한 명확한 기준 역시 절대 찾을 수 없었기에 죄책감을 느끼는 것에 대한 죄책감까지 나를 덮쳐왔다.

나는 더 이상 생명을 지속시킬 수 없었다.

현실적인 어려움이나 남들이 말하는 인생의 굴곡 따위와 상관없이, 나는 조금이라도 깨끗할 때 죄 짓는 것을 멈추기 위해서 죽어야만 했다. 그것은 나의 바람이 아니었다. '죽고 싶어'가 아닌 '죽어야만 해'였다. 스스로의 생명을 끊어내는 것은 어쩔 수 없이 인간으로 태어난 불쌍한 나에게 내가 베풀 수 있는 유일한 자비로움이었다. 어쩔 수 없이 인간으로 태어난 것이 불쌍한 것임을 너무나 생생하게 알아버린 나에게.

그 생각의 이후, 나의 머릿속은 온통 자살의 방법에 대한 연구로 가득 찼다. 그 이후에 생겨날 일들에 대해서는 생각 할 겨를도 없었다. 무엇보다 누군가가 죽었다는 이유로, 누군가의 존재가 없어졌다는 이유로 사람들이 슬퍼하는 것은 죽은 사람의 마음을 헤아려주지 않는 이기적인 감정이라고 생각했고, 그런 마음을 내가 존중할 필요는 없다는 생각이 들었다.

아침에 눈을 뜨고 일어난다. 하루의 일과를 생각 해 본다. 일단 처음 시도해 보아야 할 방법은 가장 고전적인 것, 목을 매다는 방법이다.

밥을 먹고, 학교로 가는 지하철 안에서 무언가에 쫓기듯 급하게 생각해내려 애쓴다. 끈을 매달고 또 내가 거기에 매달려도 부러지지 않을만한 부분이 어딜까. 끈은 어떤 것을 사용하는 것이 좋을까.

일단 집에서 그런 조건에 부합하는 장소를 찾아보기로 했다. 학교를 오가는 지하철 안에서, 거리를 걸으면서, 수업을 들으면서, 온통 집요하게 그 생각뿐이었다. 어디가 부러지지 않을까? 생각을 거듭해도 적절한 장소가 떠오르지 않자, 아니 요즘 집들은 자살을 방지하기 위한 것에도 신경을 쓰는 것인가 하는 생각이 들면서 조금 무서워졌다.

그런 생각들에 휩쓸려 나는 마치 유령 같은 나날들을 보내고 있었다. 그런데 어느 날, 혼자 방 안에 있을 때였다. 방문을 닫으려고 하는데 방문과 벽을 연결하는 금속부품에 뭔가가 튀어나와 있는 것이 눈에 띄었다. 아직도 그것의 용도는 모르겠으나 '바로 저거다!' 싶었다.

음, 적절해, 적절해. 튀어나온 부분에 매달려보았는데 부러질 걱정은 없을 것 같았다. 끈은- 벨트가 괜찮을 것 같아.

이 상황의 가운데서 나는 다른 것들은 생각조차 할 수 없었다. 세상에 대한 미련 같은 것을 생각하기엔 죽음을 원하는 마음이 너무 컸다. 그래서 종이쪽지 한 장 남길 생각도 하지 않았던 것이다.

나는 평소에 화장대 의자로 쓰던 의자를 끌어와 문 앞에 놓아두고, 내가 가진 가장 얇고 질긴 벨트를 튀어나온 부분에 묶었다. 자, 이제 목만 넣으면 된다. 아무런 망설임도, 두려움도 없었다. 감정의 격함도 없었다. 다만 마음이 급했다. 누군가에게 저지당해서는 안 된다, 가족들이 돌아오기 전에 일을 끝내야만 해. 딛고 서 있던 의자를 힘차게 차서 넘어뜨렸다.

눈앞에 섬광이 팡 하고 터졌다. 나는 드디어 해방이구나. 기쁨이었다. 그때 의식의 마지막 자락에 내가 느꼈던 감정은 사전적으로 기쁨이라는 이름을 가지고 있었다. 아! 드디어….

얼마나 시간이 지났는지 몰라도, 눈을 떠 보니 나는 우습게도 죽어있지 않았다. 벨트는 끊어지고 나는 바닥에 누워 있었고, 문의 부속품은 멀쩡했다.

아, 기절. 기절했었던가?

하지만 그 사이 가족 중 누구도 집에 돌아오지 않았다. 나는 그냥 아무 일도 없었던 것처럼 벨트를 휴지통에 버리고, 목에 선명한 벨트자국을 가리기 위해 목을 덮는 옷으로 갈아입었다.

그리고 그 날 하루도 특별하지 않게 지나갔다.

실제로는 그런 것이다. 드라마나 영화에 등장하는 인물들은 방금 일어났던 희비극적인 상황에 감정적으로 영향을 받고, 하루 종일 넋이 나가있다거나 괴로워하는 것으로 묘사될 것이다. 하지만 실제의 감정은 그렇지가 않아서, 또 너무나 오랫동안 골똘하게 생각하고 예상했던 일이었기 때문에, 나에게는 그저 하나의 해프닝이었다.

삶에 대한 의욕도 죽음에 대한 의욕도 전혀 없는 완벽한 0의 상태에서 나는 시간을 보내고 생명을 이어갔다.

계획도 없었고 과거를 인정하지도 않았다. 당시의 나에게는 언제나 지금만이 존재할 뿐이었고, 따라서 아무런 시간의 흐름도 나는 느낄 수가 없었다(거짓말이다). 아니, 느끼지 않으려고 했다.

그러자니 일상생활을 영위하는 데에 지장이 생겼다. 아무런 능동적인 행동도, 참여도 할 수 없었던 것이다. 내가 할 수 있는 일은 정해진 일과가 끝나고 그저 집에 돌아갈 시간이 되기만을 뚱하게 기다렸다가 집에 돌아오자마자 잠이 드는 일 뿐이었다.

대인 관계, 역할 수행, 의무 이행 등에 전혀 신경을 쓸 수 없었다. 그저, 계속해서 잠이 들기만을 바랄 뿐.

'잠이 오지 않아서 무언가를 할' 필요는 없었다. 내가 바라는 만큼 졸음은 쏟아졌다. 하루의 일과를 마쳤다는 것만으로도(사실은 그저 시간을 보낸 것에 불과하지만) 긴 긴 잠을 잘 만큼의 피곤은 충분히 누적 될 수 있었다. 하루의 일과라는 것은 바로 잠을 향한 미칠 듯한 기다림의 시간이었으니까.

그 날의 마지막 잠을 잔다.

그리고 아침이 오지 않기를 기대해본다. 하지만 어김없이 아침은 오고, 나는 또다시 똑같은 일을 반복한다.

이런 상태가 되기까지의 첫 번째 원인이 되었던 것은 거짓을 의심하려는 태도였고, 곧 거짓이 아닌 것을 취하고픈 욕심이었는데, 나는 이쯤 되어서 내 사고의 대상이 거짓인지 진실인지에 관해서는 관심이 없어졌다. 그것이 내 잠을 방해하지 않기를 바랄 뿐이었다. 나의 0의 상태를 흔들지 않기를. 그렇게 하기 위해서 나는 모든 것에 대해서 냉소적인 태도를 가지게 되었다(가지는 척 하려고 무진 애를 썼다).

표면적으로 일어나는 사건, 사고들에 대해서 나는 보편적인 반응을 보였지만 사실 속으로는 그 사건 자체와 그에 대한 나의 반응과 주변사람들을 모두 비웃었고, 그 비웃는 나의 속마음마저도 비웃었다.

하지만 사실 그 보편적인 반응이라는 것과 실제적으로 내 안에서 일어나는 반응 사이에 어떤 차이가 있는지도 잘 몰랐고, 내가 옳다고 말할 생각도 없었고, 과연 차이가 있는 것인지도 몰랐다. 그리고 알려고도 하지 않았다. 그저 '별 것 아닌 것'으로 여기고 뒤쪽으로 치워버리면 간단했다.

갑자기 뜬금없는 얘기를 하자면, 나는 대학에서 미술을 전공하는 학생이다.

그러나 사실 나는 '미술'이라는 단어가 지금 시대에 와서 나타내는 의미와 범위를 전혀 알지 못한다. 물론 다른 예술장르들도 마찬가지이다. 하지만 그 경계선이 가장 부실한 건, 아무리 생각해 봐도 역시 미술이다. 아직도 대학에 '미술 대학' 이라는 것이 따로 분리되어 있다는 것이 신기할 정도이다.

어쨌든 내가 다니는 학교는 한 학기를 마치기 위해서는 한 번의 전시를 해야 하는 시스템을 가지고 있다. 전시를 위한 과정은 언제나 부산스럽다. 결과물이 될 이미지도 필요하고, 그 중간 중간 교수님께 '과정으로써' 보여드려야 할 이미지도 필요하다. 그리고 그것을 택한 필연적인 이유가 필요하다. 이 요소들이 엉성하게 연결되어 있다는 느낌을 주면 그 학기의 학점은 사정없이 재수강의 범위에 들게 되는 것이다.

내가 작업 과정을 기피하고 싶어 하는 이유 중 하나는, 작업을 위해서는 내 생각들을 일부분이라도 끄집어내어 만지작거려야 하기 때문이다. 나는 같은 결과로 자꾸만 되돌아오는 어떤 사고도 시작하고 싶지 않았다. 그 고리를 연결시키고 싶지 않았다. 하지만 학점을 위해 나는 여지없이 그 기피하고픈 짓을 여러 번 반복해야 했고, 그것을 견뎌내기 위해 한 층 더 두터운 냉소로 마음을 둘러쌌다(역시 그러려고 노력했지만 그렇게 되지 않았다는 말이 더 맞겠다. 하지만 괄호 바깥에서 너무 솔직한 것은 창피하므로 그냥 '둘러쌌다'고 말하겠다).

이유야 어찌됐던 이미지로 무언가를 말해야 하는 의무가 나에게는 주어진다. 적어도 졸업하기 전까지는. 학사과정에서 조금이라도 이탈하려는 적극성은 나에게 없기 때문이다.

그래서 작업을 했다.

나는 흰 색 말고는 다른 색상을 선택해야 할 아무런 필요도 느끼지 못했다. 그리고 직선 말고는 다른 완결된 형태나 곡선을 사용하고픈 욕구도 전혀 느끼지 못했다. 흰색과 직선, 그것만이 내가 감히 '어떤 것의 표현'에 사용할 수 있는 전부였다.

하지만 직선을 사용하는 데에는 문제가 있었다. 직선이란 것은 개념적인 것일 뿐, 손으로 그린 선은 어떤 방식으로든 직선의 조건을 어긴다. 실제로는 직선이라는 건 존재할 수 없는 것이다. 다만 그 정의만이 있을 뿐이다.

나는 흰색 폼보드를 샀다. 큰 폼보드를 작은 정사각형으로 잘랐다. 가로 4칸, 세로 4칸. 직사각형과 정사각형 사이에서 팽팽하게 긴장감이 돌았다.

그리고 그 정사각형 위에 각각 다른 풍경을 새겨 넣기 시작했다. 새겨 넣었다? 그렇다. 손을 믿을 수 없었기 때문에 긴 자를 대고 칼로 자국을 냈다. 선이 이루는 각도 역시 직각 말고는 사용할 수 없었다. 그렇게 원래는 곡선적이고 화려하고 다채로운 풍경들이, 나의 폼보드 위에서 싸늘하게 식어갔다. 아니, 혹은 깨끗하게 안착해갔다.

그리고 내가 이 작업을 들이밀며 교수님에게 한 말은 이런 것들이었다.

'선'의 개념에 대한 새로운 제시입니다.

전시할 벽이 흰색이기 때문에 폼보드의 형태조차

선으로 보이도록 흰색을 선택했습니다.

이런 말들을 늘어놓았지만, 사실 그런 의도는 전혀 없었고, 단지 그 짓 밖에 할 수가 없었다. 이미 나의 사고가 꼼짝도 할 수 없었기 때문에, 그리고 0의 상태에서 어떠한 창조적인 이미지도 생산할 수 없었기 때문에 그렇게 한 것이었다.

그리고 나는 나를 비웃었다. "제법인데"라고 말하는 교수를 비웃었다. 벽에 붙은 하얀 폼보드를 보며 비웃었다.

"너는 무기력과 표리부동의 상징이야."

어차피 자를 대고 칼로 긋는다고 해서 완벽한 직선을 그을 수 있는 확률은 없다. 직각도, 정사각형도, 완전한 흰색도, 그 어느 조건 하나도 갖추지 못했다(불가능하다). 이미 너무나 자명하게 예상하고 있었던 결과다. 그런 척 했을 뿐 실제로 그럴 수는 없었다. 그냥 귀찮아서 그런 노력의 일부를 보여준 것에 지나지 않을지도 모르겠다.

그렇게 나는 '나는 깨끗할 거야'라고 말하는 나 자신을 배신했고, 타인을 속였고, 그리고 그 모든 상황을 비웃었다. 그렇지 않으면 더 큰 잘못을 하는 것만 같았다. 조마조마한 마음을 달랠 길이 없었다.

그리고 의심했다. 과연 나에게 '나의 냉소의 대상'이 되지 않을 수 있는 진심이 존재할 수 있는가(아니, 더 솔직해지자면 '냉소의 대상인 척 '가장하지 않고도 내가 견딜만한 감정이 있을까? '견디다'는 '산다'만큼 어렵다. 너무나 엄청난 도전정신이 필요한 일이다)?

그것은 어릴 적부터 하나의 실험 대상이었다. 나는 과연 내가 반드시 '슬퍼해야만' 혹은 '두려워해야만' 하는 상황에서 미소를 지을 수 있는가의 여부가 궁금했다. 하지만 지금 생각해 보면 위의 질문의 답을 구할 수 있는 방법으로 적절하지 못할 수도 있겠다는 생각이 든다.

첫 번째 실험.

많은 아이들의 어린 시절이 그렇듯 나 역시 납득가지 않는 이유로 부모님께(당시로서는 어마어마한, 그래서 내가 과연 인격을 가진 사람인가를 의심하게 만드는) 체벌을 당하곤 했다. 부모님의 체벌은 나를 짓누르는 커다란 두려움이었고, 일어나는 순간부터 잠드는 순간까지 항상 마음이 조마조마 했다. 그것은 가장 큰 공포였다. 내 정신이야 어찌 됐든, 육신의 고통은 여지없이 고통스럽게 느껴지기 때문이었다.

어느 날, 또 한 번 부모님의 체벌이 있은 후, 나는 부은 얼굴과 팔꿈치를 만지며 돌아섰다. 등 뒤에 바로 부모님이 계신 상태에서 씨익 웃어보았다.

음, 아무렇지도 않군.

웃는 표정을 짓는 것은 가능했다.

그러나 한 번의 실험으로는 부족했다. 체벌상황이 비록 나에게는 커다란 공포였으나 그보다 더 극단적인 상황에 처해 볼 필요가 있었다.

나의 두 번째 실험은 증조할머니의 죽음을 대상으로 이루어졌다. 나의 증조할머니께서는 내가 꽤 나이를 먹어 온전한 사람의 모습을 갖출 때까지 살아계셨다. 언제나 좁은 방 안에 갇혀 계셨지만, 용돈도 주시고 쓰다듬어 주시기도 하셨다.

증조할머니께서는 병이나 사고 때문이 아니라 정말로 '명이 다해서' 돌아가셨다. 하지만 어른들은 온통 눈물과 통곡으로 범벅이 되어 있었고, 나는 구석의 벽에 기대고 앉아 멍하니 그 장면을 바라보고 있었다.

울어야만 한다는 강요가 담긴 기류가 은연중에 나를 짓눌렀지만, 옆에 앉은 오빠를 보니 역시 나와 같이 아무런 동요도 하지 않고 있었다.

이때다. 나는 첫 번째 실험에서 보다 더 큰 미소를 지어보았다. 이빨이 보이도록, 작게 '히' 하는 소리까지 곁들여서 말이다.

음, 역시 아무렇지도 않았고 아무도 나를 보지 못했다. 하지만 마지막으로 나의 가장 비참한 냉소의 대상이 된 것은 그 실험을 행했던, 그리고 그 웃음을 지었던 '나'였다.

실험을 했다. 웃는 표정을 짓는 데 성공했다. 그래서 어쨌단 말인가? 그 이후 '나'는 나에게 가장 비참한 냉소의 대상이 되었다(냉소의 대상이 되는 것은 비참한가?). 그러나 그것에서 벗어나려는 생각은 없었다. 오히려 그렇지 못한 사람들을 한심한 눈빛으로 쳐다보게 되었을 뿐이었다.

- 누군가를 진정으로 사랑한다고 말하는 사람들
- 이타적인 행위로 주목받는 사람들(이타적인 마음이 정말로 있다고 믿는가!)
- 열과 성을 다해 예술혼을 불태우는(착각에 빠진)사람들
- 어떤 일에든 진정으로 기뻐(하는 척)하거나, 가슴 아파(하는 척)하는 사람들
- 인류애에 관하여 논하는 사람들

- 믿음과 신뢰, 신념에 대하여 열정적으로 이야기 하는 사람들

더 나열하자면 끝이 없을 만큼 많은 행위들이 나의 비웃음의 대상이 되었다. 그리고 깨달았다(거짓말이다). 아, 이 냉소 말고는 어떤 감정도 나에게는 진심이 아니구나(거짓말이다). 단지 사회적으로 어떤 상황에서는 어떤 감정을 가진 척 해야 하는 지 훈련되었을 뿐이구나(거짓말이다).

하아, 정말 우습군(진심이다).

두 번째와 세 번째 자살시도는 더욱 우스웠다.

두 번째로 내가 생각해 낸 방법은 비닐봉지를 머리에 뒤집어쓰고 공기가 통하는 부분이 없도록 청테이프로 단단히 막은 상태로 잠을 자는 것이었다.

세상에, 그렇게 해서 죽을 수 있을 거라고 생각했다니, 지금 생각하면 죽을 생각이 없었던 게 아닐까 싶다(아니, 분명하다!).

예상대로 나는 또 한 번 꼴 사납게 실패했다. 어찌나 맹렬하게 잠을 잤던지 호흡이 불편해지자 비닐봉지를 뜯고 계속 자고 있었던 것이다.

아무튼 잠은 잘 잤다. 일어난 후에는 내가 펼쳐놓은 상황을 보고는 '풉'하는 웃음이 저절로 터졌다.

스스로가 불쌍하다고 느껴질 정도로 웃겼다. 그리고 역시 가족이 돌아오기 전에 비닐봉지와 테이프를 치우고 TV를 보면서 신나게 웃어제끼고 있었다.

어머니는 저녁을 차리셨고, 아버지와 나는 마주보고 앉아 밥을 먹었다.

나는 다시 방에 돌아와 아까의 사건이 있었던 그 장소에 드러누워 책을 보다가 잠이 들었다.

"행복하지 않아요(행복하지 않다고 말하는 것은 행복하고 싶다는 것을 전제로 하는 말이지만 여기서는 그냥 이 문장 그대로 받아들여주길 바란다)."

"네가 뭐가 부족해서 행복하지 않다고 하는 거니? 사고 싶은 걸 못 사니, 부모님이 안 계시길 하니, 원하는 공부를 못하고 있길 하니…(생략)."

"당신은 폭력적이다. 당신은 인간에게 있어 순수하게 조건적인 것들과 그가 느끼는 감정을 너무나 직선적으로 연결하고 있다. 누가 당신에게 그렇게 하라고 가르쳤는가(이 의문문은 조금 마음에 안 든다)? 행복이라는 단어의 정의를 알고 있기는 한가? 아니 과연 그 단어는 일정한 의미가 존재하는 단어인가? 행복의 지속 시간에 대해서 생각해 본 적이 있는가? 당신의 지배적인 기분은 어떤 말로 표현할 수 있는가? 당신은 좋은 일이 생겼다고 해서 매 순간순간 행복하다고 느끼면서 몇 시간 혹은 며칠을 보내곤 하는가? 그것은 잔상에 속아 넘어간 것인가 아니면 스스로의 각막에 뒤집어씌운 것인가?"

"행복하다는 느낌을 가지는 것이 인간이 가장 바라는 바가 아닌가? 인간이 행하는 모든 일은 행복해지기 위해서 하는 것 아닌가? 너의 행복은 무엇이 그렇게 특별하기에 단순할 수 있는 길을 복잡하게 만들어 스스로를 매장시키려 하는가?"

"모든 인간이 행복을 위해서 산다고 누가 그랬는가? 행복해지기 위해서 사는 것이라면 나는 지금 당장이라도 내 뇌와 심장을 쥐어뜯어 곱게 다림질을 하고 싶다. 그리고 쓰레기봉투에 넣어 입속으로 우겨넣고 싶다. 그렇게 한다면 어리석은 행복을 맛 볼 수 있을 것이다.

하지만 분명하게 내 착각이라 할지라도 그것이 아닌 다른 면면에 중용의 씨앗이, 완전한 공(空)의 가득 참이 존재할 가능성이 있다면 나는 행복에게 눈길조차 주지 않겠다. 그 행보가 어리석은 짓이라는 것은 나도 이미 알고 있다. 하지만 그만큼 당신의 행보 또한 어리석다. 당신이 행복하기 위해서 살 듯, 나는 죽음을 위해서 산다."

"당신은 분명하게 '옳지 않다'."

"하하하, 어떤 자그마한 동작을 취하더라도 옳지 않을 가능성이 농후하기는 마찬가지이다. 옳음에 가까워지길 원한다면 그저 꼼짝 않고 있거나, 더 완벽한 것을 원한다면 소멸하라."

세 번째 시도.

나는 시력이 굉장히 나쁘다. 평소에는 콘택트 렌즈를 착용하고 다니고, 집에 있을 때는 무거운 안경을 쓴다. 안경은 나의 '조금 솟은 정도의 코' 위에서 정기적으로 흘러내린다.

나는 그것을 정기적으로 밀어 올린다. 안경을 쓰고 거울을 보면 빙글빙글 돌아가는 안경 알 안에 선천적인 시력을 극복하려 애쓰는 작은 눈이 보인다.

렌즈도 안경도 없을 때 나의 눈은 가장 편안한 상태가 된다. 내가 망막에 맺히는 상을 믿건 믿지 못하건 간에, 고통을 느끼는 신체기관으로서의 눈은 편안해진다.

물체는 없다. 윤곽도 없다. 모든 풍경은 평면이 되고, 좀처럼 움직이지도 않고, 깨끗하고 선명한 색깔을 하고 기-인 선으로 번진다.

밤. 수업이 늦게 끝나고 집으로 돌아가는 길이었다. 집으로 돌아가려면 버스, 지하철, 도보를 각각 꽤 긴 시간 동안 이용해야 했다.

이 강의실에서 나가는 순간부터 아무것도 착용하

지 않은 눈으로 집까지 간다면, 내가 다치거나 죽을 수 있는 경우의 수는 매우 많아진다.

1. 강의실의 입구까지 내려가는 계단에서 넘어져서 구른다. 목이 꺾인다.

2. 버스의 번호를 보지 못하고 잘못타서 종점까지 갔다가 유괴단에게 납치를 당한다. 몸값을 요구하기 전에 나를 죽인다.

3. 버스에서 내리다가 발을 헛디뎌 차도로 떨어져 목이 꺾인다.

4. 신호등과 횡단보도가 안보이기 때문에 길을 건너다가 차에 치인다.

5. 지하철 계단에서 넘어져서 구른다. 목이 꺾인다.

6. 발을 헛디뎌 지하철 선로로 떨어지는데 때마침 들어오는 열차와 마주친다.

7. 갈아타는 경로에서 계단에서 넘어져 구른다. 목이 꺾인다.

8. 지하에서 역 위로 올라가는 계단에서 넘어져 구른다. 목이 꺾인다.

9. 집까지 도보하는 동안 차에 치이거나, 무언가에 걸려 넘어지거나, 공사 중인 구멍에 빠지거나, 투명하고 딱딱한 무언가에 맹렬하게 부딪힌다.

어떤 결과가 나왔을 것 같은가? 정말이지 바보 같고 위선적이게도 나는 9가지의 모든 상황을 피해 집에 무사히 도착했다.

단 한 번의 멈춤도 없이 말이다(그러니까 당신이 이 글을 보고 있지!).

그리고 생각했다. 아, 나는 거짓말쟁이구나!

더러운 것.

어느 하루 여느 때와 다름없이 방에 들어와 불을 끄고 이불을 뒤집어쓰고 침대 위에 앉았다. 다른 날과 그다지 다른 것은 없었다. 다만 조금 더 '참은 짜증'이 많이 쌓인 날이었다.

그 상태가 나를 감금시킬 거라는 생각을 처음부터 한 것은 아니었다. 그런데 째깍거리는 초침의 소리가 한번씩 더 들릴 때마다, 나는 이 방의 어둠과 따뜻함이 나를 부둥켜안으려고 하는 것을 알 수 있었다. 어찌 해석해야 할지 모르는 상태에서 난 그저 그 포옹에 순순히 응했다.

시간이 꽤 지났다.

이불과 침대의 품속에서 벗어날 수 없었다. 내 방에 들어오는 한 줄기의 빛도 허용할 수 없었다. 아직은 현실과 이어진 기억이 남아있었다. 내가 여기에서 이러고 있으면 나를 걱정할(걱정하는 말을 할) 가족들과 친구들이 한 없이 원망스럽게 느껴졌다. 그것들은 거짓이었으니까!

종이에 찍힌 활자도, 귀로 흘러들어오는 소리도, 눈앞에 보여지는 모든 움직이는 것들도 다 피하고 싶었다. 나에게 이렇게 날씨와 관계없이 있을 수 있는 공간이 있다는 것에 감사할 정도로 만족했고 꼼짝도 하기 싫었다. 아니, 꼼짝할 용기가 없었다. 무엇보다 꼼짝 할 수가 없었다.

'대체 내가 무엇을 할 수 있단 말인가?'

희미하게 보이는 어둠 속의 물체들을 안경을 썼다 벗었다 하면서 쳐다보았다. 아마도 그 시선은 노려보는 것도, 어루만지는 것도, 관찰하는 것도, 그 어느 것도 아닌 그저 쳐다보는 것이었을 것이다.

그리고 따뜻한 이불 속에서 발가락을 움직여 본다.

시간은 가지 않는다. 이제는 조금 전도 현재, 조금 후도 현재, 지금도 현재이고 농도 짙은 그 시간은 내가 앉아있는 이 공간과 단단하게 묶여있다.

눈이 피곤하다는 것을 느낀다. 눈이 피곤할 때면 언제나 눈 아래쪽 속눈썹을 타고 잉크가 흐르는 것 같다. 그리고 안구의 뒤에는 쌀 씻은 물이 가득 차 있는 것 같다. 눈이 피곤하면 눈을 감는다. 동시에 의식도 감는다.

흐르지 않는 시간에 머리를 기대고 그런 식으로

눈을 떴다 감았다를 반복한다. 몇 번이고 반복해도, 내 눈 앞에 펼쳐진 공간은 빛도, 물체의 배치도, 어둠의 농도도 변하지 않는다.

이번에는 자세를 바꿔본다. 똑바로 누워서 천장을 쳐다본다. 불 꺼진 전등과 에어컨디셔너가 있다. 또 다시 몸은 가만히 둔 채 눈의 피로감에 따라 눈을 떴다 감았다를 반복한다. 여전히 그대로이다. 나는 금세 그런 상태에 길들여졌다.

이 공간에서 나가면 나는 어떻게 되는 거지? 가만히 앉아있는 것은 물론 서 있는 것조차 허락되지 않을 것이고 정신을 차릴 수 없을 만큼 많은 것들이 빠르게 스쳐갈 것이다.

그리고 나는 '선택'해야 하고 '결정'해야 할 것이다.

온몸이 조여들 정도의 공포.

당장 방문을 열면 나를 기다리고 있을 부모님의 걱정스런 표정을 대하기가 버겁다. 게다가 길을 나서고 학교에 간다는 건 상상할 수도 없는 일이다. 여태껏 그다지 길지 않은 세월을 그렇게 보냈기에 지금 나는 이렇게 닳고 닳지 않았는가?

온 몸이 구석구석 아파왔다. 아주 작은 바늘로 정말 꼼꼼하게 내 몸을 꾹꾹 누르고 있었다. 그 폭력의 주체가 누구인지는 알 수 없었고, 알면 안 되었다. 난 그냥 그대로 있어야만 했다. 그렇지 않으면 큰일 난다, 보라색 챙이 넓은 모자를 쓴 여자가 다가오는 것만큼의 큰일이 날 것이다, 큰일이 날 것이다, 아, 큰일….

또다시 눈이 피곤해져왔다. 몇 번째인지 모를 잠을 잤다.

어둠 속에서.

가족이라는 제도에 대해서 생각해 본다. 아무리 생각해도 가족이라는 것은 내가 정리한 '시간과 감정의 관계'에 너무나 명확하게 위배되는 제도이다. 그런데도 가족이라는 건 마치 인류의 탄생과 함께 생겨났다는 듯이 어떤 제도보다도 깊숙하고 당연하게 인간사회를 지배하고 있다.

자, 난 어디서부터 잘못 생각한 것인가?

아니면 역사의 어느 곳에서부터 잘못이 일어난 것인가?

일단 '사랑'이라는 말에 대해서 생각해 볼 필요가 있다. 내가 눈만 뜨면 접하는 수많은 매체들 속에서 사랑이라는 소재는 가장 많이 다루어진다. 사람들은 그 속에서 사랑을 하고, 이별을 하고, 슬퍼하고, 분노한다.

사랑이라는 말은 다른 감정명사보다 한 단계 더 모호하게 다가온다.

사랑하는 두 사람 중 한 사람이 마음이 변하면 그것을 대게 '배신했다'고 표현하며, 그 '배신을 한' 사람은 죄책감을 느껴야만 하고 '배신당한' 사람은 슬픔과 화가 섞인 감정 속에서 괴로워한다. 그리고 이렇게 말하곤 한다. "그 동안 나를 사랑한다고 했던 건 거짓말이었어?"

어이가 없다. 사람의 감정은 형체가 있는 것도 아니며 우리가 언어로 그 감정을 표현하며 살고 있다는 것조차 건방진 태도이다. 그토록 불안정한 감정에 시간을 결부시킨다면, 그래서 10년이건 30분이건 그 안에 사람의 마음이 변할 수 있는 가능성이 충분하다는 것을 인정할 수밖에 없다면, 어째서 마음이 변한 사람을 비난하는가? 차라리 그가 사람이라는 것을 비난하라!

그 사람이 상대방에게 '사랑 한다'는 말을 했을 때는 진심이었을지도 모른다! 그것이 시간이 지나 변했다는 이유만으로 과거의 진심어린 말마저 거짓으로 매도당해야 하는 걸까? 그리고 그 불안정한 마음을 조금 더 오래 지속시키지 못했다는 이유로 어째서 죄책감에 시달려야만 하는 걸까? 모든 인간이 차라투스트라인 것은 아니다.

교제한다는 것과 이별한다는 개념은 받아들일 수 있다. 그리고 이별하고 난 후에 슬퍼하는 것도 인정할 수 있다. 화가 나는 것도 인정할 수 있다. 사람은 과거를 기억하고 게다가 되새김질도 하기 때문이다. 기억 속에 있는 '과거의 나'로 돌아갈 수 없음에 슬퍼한다는 것은 극히 이기적이긴 하지만 설득력 있는 흐름이다.

하지만 어째서 상대방에게 화를 내고 비난 하는가? 왜 그것을 표현하는가? 그것이 정당한 태도라고 생각하는가? 설사 상대방과의 영원한 사랑을 약속했다고 하자. 그 약속 자체가 시간의 속성을 무시하는 오만한 태도가 아닌가?

이런 관점에서 가족이라는 제도를 바라보았을 때, 그것의 법적 강제성은 나에게 이해할 수 없는 것이 된다. 그 당시에는 사랑하는 사이인 두 사람이 혼인 신고를 하고나면 하나의 가족이 시작된다. 그들은 법적인 의무와 권리로 묶여진다. 언제 변할지 모르는 마음을 가진 두 사람이 영원히 함께 해야만 하는 강제성이 생겨나는 것이다.

영원하자는 약속을 지키지 못하여 이혼을 할 경우에, 당사자들에 대한 사회의 시선은 곱지 않다. 저 사람 이혼했었대. 이 말은 마치 중고차를 바라보는 듯한 시선을 반영한다. 이 곱지 않은 시선조차 강제로 교육된 편견의 결과인데, 현실에 발붙이기 위해서는 시비를 따지지 말고 이런 것들을 받아들여야 한다.

많은 경우에 혼인신고를 한 부부들은 자식을 가진다. 이들 부부와 혈연관계로 묶여져 있다는 이유로 자식은 더더욱 강하게 부모와 법적으로 얽혀짐을 당한다.

이런 저런 이유들로 인해서 가족구성원들은 '같은 집에서 살아야'하거나 '평생 동안 서로를 마음에 두고'살아야 한다.

어떤 경우 가족은 성공적인 공동체가 될 수 있지만 그런 일은 극히 드물며 대부분의 가족은 가장 폭력적인 집단의 성격을 가지게 된다.

가족구성원들은 남편과 아내는 물론 부모와 자식, 형제, 자매, 남매간에도 서로 인격적으로 존중할 수 없고, 하지 않음에도 불구하고 '사랑'이라는 의무적인 감정을 요구당하며 따라서 시간이 지날수록 복귀가 포기된 늪지대들이 가족구성원들 사이를 가득 메운다(엄청난 왜곡이라고 생각하는가? 상관없다).

하지만 그 포기된 늪지대들은 인식되지 못하거나 혹은 모든 가족구성원들에 의해서 인식되었음에도 불구하고 묵인된다. 그 오래되고 뿌리 깊은 늪을 메워 가정을 치유하느니 사회적인 관계나 성취감으로 그를 대신하는 것이 훨씬 덜 골치 아프기 때문이다. 부모는 자식을 보면서 사랑한다고 생각한다. 미안하다고도 생각한다. 배신감을 느낀다. 자식 때문에 자신의 노후가 쪼그라들었다고도 생각한다.

자식은 부모를 보면서 저들을 사랑해야만 하는가 하고 생각한다. 부모를 존경한다고 말하는 이들을 신기한 눈으로 쳐다본다. 어머니와 아버지의 관계를 보고 자라면서 나는 결혼을 하지 말아야겠다고 생각한다. 부모와 자식의 관계를 돌아보면서 나는 절대로 가족을 만들지 않으리라고 결심한다.

단지 내가 노년에 외로워질 것을 대비해서(그 짧은 시간을 위해), 이런 폭력적인 집단을 하나 더 만들어내는 것은 분명한 죄라고 생각한다.

다시 잠이 온다.

또 얼마나 시간이 지났을까. 나는 아직도 스스로를 방 안에 감금한 채 눈만 깜박거리고 있다.

방음이 잘 되지 않는 내 방 벽 너머로 희미하게 들려온다. 부모님의 말소리, TV소리, 발걸음 소리….

TV소리. 무서운 건 이것이다. 분명하게 꼬집어 TV가 그 시작이라고 말할 수 있을지는 모르겠지만, 사회에서 살아가는 인간들은 이미지의 침투를 받지 않을 수 없다. 그 이미지들은 소통의 장을 확장시켜 새로운 문화를 형성하고, 사회적 현상을 만들어내지만, 무엇보다 시청자들에게 주입시킨다. 무엇이든 주입시킨다. 그것의 설득력은 대단해서 오늘 신선이었던 사람이 내일 당장 사업가가 되기로 결심하는 것도 이상한 일이 아닐 정도이다.

그 이미지의 총 집합체가 바로 TV인 것이다. 게다가 이것은 인간생활의 많은 시간을 점령하고 있다. 따라서 인간 사고의 많은 부분에 영향을 미치고 있다.

일상을 영위해 나가다 보면, 아주 사소한 행동이

라도 내가 이미지에 의해 지배당하지 않는 부분이 있는가 하고 의심하게 된다. 물론 필사적으로 애를 쓴다.

언론이 난사하는 말과 이미지들에 어떤 오류가 있는지, 과연 바람직한 태도인지를 '내 머리로' 생각해 보려고 발버둥친다. 하지만 나는 곧 '내가 무엇 때문에 저 태도를 비난하는가?' 와 '과연 모든 결과에는 이유가 필요한가?'하는 마지막 질문을 던지며 패배자의 늪 속으로 몸을 던진다.

그 후에도 여전히 이미지에 종속되고 지배당할까봐 전전긍긍하며, 하지만 이제는 나에게 주입된 이미지들이 너무나 많아서 그것과 '순수한 사실'을 구별해낼 능력이 내게는 없다는 것을 날카롭게 인식해 버린다(실제로 그것은 구별되는 것일까? 서로가 서로의 모방일 뿐일지도 모른다).

어떤 때는 너무나 어쩔 줄 모르겠어서 이미지에 기대지 않고서는 살아갈 수 없다고 생각하기도 한다. 어차피 옳고 그름 따위가 없다면 그게 무슨 잘못인가? 하고 생각하기도 한다.

나에게는 어느 누구를 비난할 자격이 없다.

하지만 나를 비난할 자격이 있는 사람은 분명히 있을 것이다.

아직도 벽 너머로 TV소리가 들려온다. 이 어둠을 빠져 나가면 여지없이 나를 잠식할 저 공포의 대상에 대해 무기력하게 대항할 나의 모습을 생각하며 나는 내 마음이 한층 더 연약해짐을 느낀다.

내가 무엇을 할 수 있단 말인가?

파생되는 생각.

나는 심지어 내가 옳다고 생각하고 있는 결론과 연관지어서 나의 나머지 사고를 이어가지도 못한다.

내가 옳다고 생각한 결론 중의 하나는, 개체와 우열에 관한 것이다. 자꾸 반복하지만 가치판단의 기준을 세우는 것이 처음부터 가당치도 않은 일이라면 지금 우리가 가지고 있는 우열의 개념을 생성해 내는 것은 무엇인가? 과연 우열을 인정할 수 있을까.

우등하다는 것은 다수의 취향을 점하는 것인가? 그렇다면 열등하다는 것은 소수의 취향을 점하는 것인가? 아니다, 아니다.

우등과 열등은 존재하지 않는다. 다만 취향이 있을 뿐이고, 개체가 있을 뿐이고, 비교할 수 없는 여러 가지들이 있을 뿐이다(그렇다면 '비교'라는 개념은 어디서 생겨난 걸까?).

모든 요소들의 병렬관계.

'우등과 열등은 존재하지 않는다. 다만 서로 다른 개체와 그것들의 병렬관계가 있을 뿐이다.'

이 결론에 이르기 위해서 나는 너무나 긴 사고와 경험의 여정을 거쳐야 했고, 이것은 반드시 옳다고 믿었다(여기서 시비를 가리는 기준을 또 스스로 만들어내고 있지 않은가? 정말 바보 같기 짝이 없다.

나에겐 '옳다'와 '믿는다'가 성립할 수 없음에도 '옳다고 믿는'것이 있다).

하지만 이 결론과 함께 이야기할 수 있는 것은 아무것도 없었다. 나는 입을 다물어야 했다. 하지만 그러지 못했다.

나는 여전히 이 소중한 문장에 어긋나는 말과 행동들로 모든 시간을 채워나갔다. 그럴 수밖에 없었다고는 말하지 않겠다. 그저 그 문장을 나의 텅 빈 주둥이와 일치시킬 능력이 없었을 뿐이다. 아니, 능력이 있었을지도 모르는데 귀찮았던 거겠지.

그래서 스스로를 또 짓밟았다.

그리고 어떻게 해야 할지도 몰랐다.

태어난 지 겨우 몇 주일인 이웃집의 갓난아기.

밤낮없이 그치지 않고 울어댄다.

캄캄한 어둠 속에서 그 어리고 가냘픈 울음소리에
내 마음 떨리다가 안심한다. 그것은 이제 막 존재를
강요받은 허무가 내지르는 항의의 외침이니.[1]

1) 미셸 투르니에 지음, 김화영 옮김, 〈짧은 글 긴 침묵〉 125p, 현대문학

자책을 하는 것은 사실은 쾌감이다. 어둠 속에서 머리만 굴리면서 쾌감을 맛보다니 이렇게 누워 있는 것도 좋은 팔자일지 모르겠다고 생각했다. 단 한 가지 아쉬운 점이 있다면 내가 쾌감을 느끼고 있다는 것을 알아주는 사람이 아무도 없다는 것 정도? 나에 대한 나의 위선에 몸서리를 친다.

불멸에 대하여 생각해 본다.

시간과 관련된 것은 언제나 언어와 더불어서 나에게 가장 큰 궁금증을 유발하는 주제이다.

영원한 것이 그렇지 않은 것보다 더 많은 가치를 부여받게 된 시작점은 과연 어디일까?

잘 따져보면 나에게도 영원과 순간에 부여하는 가치에 대한 차별이 있었기 때문에 이 모순의 수레바퀴 속으로 빠져들게 된 것이다. 그러니까 처음부터 말도 안 되는 지점에서 시작했는데 그걸 알면서도 벗어날 수가 없는 것이다. 3차원에 살고 있는 우리에게 시간이 개입된 차원을 이해하는 건 무리인 걸까? 내 머릿속에서, 어떤 요소에 시간이 개입되는 순간 모든 것은 엉망이 되어버리고 알 수 없는 것이 된다.

아무도 그것을 정확하게 이해할 수 없다. 그런데 인간에게는 어째서 시간을 관조하는 개념이 있는가? 그리고 그것을 언어로 표현한다.

'영원하다. 영원하지 않다.'

역사 속에서 많은 사람들이 영원을 동경해왔다. 그들은 영원한 것을 찾아 헤매었고 많은 사람들이 자신의 생명이 영원하길 바랐다. 이 역시 순간보다는 영원함을 선호하는 태도이다. 나에게 영원함을, 나에게 영원함을… 영원을 얻어 세상의 어디까지를 보려고 하는 것일까? 그것은 무엇에서 기원한 욕망인가? 인류는 처음부터 시간이 절대적이고 무서운 상대라는 것을 알고 있었던 것일까. 영원이라는 것, 혹은 순간이라는 것을 자신들의 통제 하에 놓지 못하고 따라 가야만 하는 것을 알고서 그것들에 대한 그토록 집요한 집착과 욕망을 만들어 낸 것 아닐까? 조금이라도 공포를 덜기 위해서 말이다. 알 수 없고 믿을 수 없는 것에 대한, 공포.

'공포'와 '흐르는 시간'이 서로 관련되어 있다는 것은 흥미롭다. 공포라는 감정은 믿을 것이 아무 것도 없다는 생각과 텅 빈 마음의 혹한으로부터 생겨난다. 인간은 자신의 의지대로 통제가 되지 않는 시간의 흐름 앞에서 어마어마한 무기력을 느낀다. 그로부터 발생하는 공포를 억누르기 위해 영원과 순간이라는 개념을 만들어냈는지 모른다. 시간을 지칭하는 말을 만들어내면 시간조차 인간의 지배 영역 하에 둘 수 있다는 듯이. 그리고 우리는 그것들이 마치 정말 존재하는 것처럼 그 단어들을 사용하고 있다! 하지만 과연 시간에 대해 언급하는 그 단어들은 각자의 대상을 가지고 있을까? 현실적으로 기능하는 것인가?

영원이 존재하는지, 혹은 그와 동행할 수 있는 어떤 대상이 존재하는지 알 수 있는 사람은 아무도 없다. 우리의 사고는 우리 뇌의 숨이 끊어짐과 동시에 소멸된다. 그 후로는 아무 것도 인식할 수 없다. 그러므로 영원한 것이 있다고도, 없다고도 말할 수 없다. 그러나 순간이 있음은 의심할 수 없다. 나는 그래서 가치를 판단하는 기준에서 '지속성'을 제거했다.

하지만 과연 정말 그렇게 생각했던 걸까?

아마도 스물 세 번 째 쯤, 눈을 다시 떴다.
여전히 변하지 않는 어둠. 어둠을 가르며 멋대로 뻗어나가던 생각들을 붙잡는 것은 문 바깥, 경계 바깥으로 나가야 한다는 압박감이었다. '언젠가는'나가야 하는데, 여기서 이 상태로 죽지 못할 것이라면 나가야 하는데, 어쩌지? 너무 오래(그리고 의도적으로) 이 공간에 익숙해진 나는 '어쩌지?'하는 생각조차 하기 싫었다. 나는 점점 더 문 밖을 나설 용기가 사라진다. 나가고자 하는 의지는 더더욱 바닥났다. 나에게 다리가 있었던가? 발은? 발가락은 잘 갈라져 있을까? 아직도? 온전하게 사람의 모습일까? 얼굴은 남아있나? 내 얼굴은 어떤 꼴을 하고 있지? 머리카락은? 걸을 수 있을까? 말을 할 수 있을까? 내가 그 동인 생각하는 데 사용했던 언어가 바깥의 언어와 일치할까? 나도 모르게 내 마음대로 바꾸어 버리고 익혀버린 것은 아닐까? 문 앞의 바닥은 그대로 일까? 내 눈은 빛을 받고 색을 구분할 수 있을까? 집 바깥의 길은 어떻게 바뀌었을까?
사람들이 그동안 연락도 없고 뭐했느냐고 물으면 뭐

라고 대답하지? 계속 이런 걱정의 가지를 치다가보면 침대에 구덩이가 생긴다.

나는 그 곳으로 굴러들어간다. 내가 들어가는 것이 아니고 구덩이가 나를 들여보낸다. 그리고는 중력의 힘을 너무 예민하게 받아들여서 도저히 일어날 수가 없다. 심지어 몸속의 수분들도 전부 지구의 중심부를 향해 쏠려서, 바닥과 닿아있는 내 육체의 부분들에 물이 차올라 부푸는 착각마저 든다(착각일까? 아닐까? 알 수 없다. 착각하고 있다고 착각하는 걸까?).

나의 시간은 처음 내가 이곳에 들어선 그 때에 멈추어 있는데, 문 밖의 시간은 예외 없이 정직하게 흐르고 있었겠지, 문을 열고 나가면, 안 돼, 시공간이 뒤틀려버린 끔찍한 광경을 보게 될 거야, 보게 되는 것은 문제가 아니다, 내가 거기에 연루되어 버릴 것이다, 고통스러울까? 아니라면 나 혼자 격리될 거야, 아무도 없거나 한 사람이라도 있거나 마주하기 두려운 건 마찬가지이다. 아, 어쩌지?

공포이다, 아마도 이 감정은.

시간의 흐름에 대한.

하지만 죽음에 대한 것은 아닌.

게다가 눈을 수도 없이 감았다 떴다를 반복하며 줄줄이 이어온 생각들은 더더욱 나를 꼼짝할 수 없게 만들었다. 경계 밖으로 나가는 데에 성공했다고 치자. 살아가야 한다. 그 방법은 어떤 것을 택할 것인가? 내 생각과 행동을 일치시킬 것인가? 그렇다면 인간사회에서 타인과 관계를 맺으며 살아가는 것은 불가능하다(나는 또 여기서 일치시키는 것과 일치시키지 않는 것을 두고 아주 자연스레 우열을 가리고 있다). 내가 원하는 것은 무엇인가? 일치시켜야만 깨끗하다고 생각되는 이유는 무엇인가? 깨끗하고 더러운 것의 우열을 가리는 이유는 무엇인가? 깨끗하길 바라는 이유는 무엇인가?

모든 결론에는 이유가 필요한가?

아! 지긋지긋한 물음표의 종말.

하지만 분명한 건, 내 생각과 행동이 달라졌을 때 내 마음은 무거워질 것이고 그것은 '죄책감'이라고 불리는 감정일 것이다.

하지만 어째서? 일치시키면 나는 살아갈 수가 없는데! - 이 질문과 함께 또다시 나는 죄책감을 느끼는 것에 대한 죄책감을 떠안는다.

점점 더 죄책감이 쌓여간다. 모든 생각의 끝은 나에게 죄의식을 하나씩 혹은 뭉텅이로 심어주고 간다. 죄의식을 느끼도록 강요하고 있다. 그리고 어둠도 무거워진다. 내리 누른다. 내가 죄의식이라 부르는 그것이 나를 내리 누른다. 어둠이 나를 내리 누른다. 나의 눈꺼풀을 내리 누른다.

아마도 눈을 감는다.

귀찮은 생각 따위들도 감아버린다.

시간을 가늠할 수 없는 잠. 짧게 잔건지 길게 잔건지 알 수 없다. 다만 '아직도' '의문문들의 늪 속에서' '쉬지 않고 허우적거리며' '경계 밖으로 나갈 용기는' '없다'.

이 글의 시작부터 지금까지 나는 단 한걸음도 옮기지 못했다.

장소는 바깥에서 이 동굴 안으로 이동했다.

지루하고 내가 한심한가?

가장 지루하고 가장 불쌍한 건 나다. 젠장.

눈물의 정직함에 대해서 생각해본다.

나는 정말이지 자주 울어버린다. 마치 내 안에 계속해서 눈물이 생성되어 일정한 주기로 배출해내지 않으면 안 되는 것처럼 말이다.

주로 눈물의 원인은 화, 분노, 기쁨, 슬픔 등의 격한 감정이라고 여겨지지만, 나는 또 이것에 대해서 의심해본다.

어릴 때에는 무언가가 내 마음에 들게 처리되지 않았을 때 울어버리곤 했다. 가지고 싶은 것을 사달라는 요구를 거절당했을 때, 친구들이나 오빠에게 놀림을 받았을 때, 그리고 조금 더 커서는 성적이 나쁘게 나왔을 때, 그림 그리는 것이 마음대로 되지 않을 때 울곤 했던 것 같다.

이것은 참으로 이기적이고 원초적인 눈물인데, 지금도 내가 곁에 두고 싶은 누군가를 놓쳐버렸다거나 중요한 기회에서 실수를 저지르거나 했을 때(어릴 때만큼 즉석에서 울지는 않지만) 여지없이 울어버린다. 남들은 나의 이런 모습을 보고 '마음이 여리다'라고 표현하는데, 여린 마음은 어떤 것이고 강한 마음은 어떤 것인지 알고 하는 소리 같지는 않다. 나 역시 모른다. 내가 보기엔 이런 종류의 눈물은 욕심을 채우지 못한 것에 대한 심술부리기에 불과하다. 그래서 이런 경우에 내가 울거나 남이 울거나 하는 것을 보면서 화가 난다. 누가 뭘 잘못했다고 무엇을 상대로 떼를 쓰는 것인가?

그래서 눈물은 기본적으로 억지 부리기의 도구 비슷한 것으로 다가온다. 그래서 싫었다. 남에게 피해주는 것이라고 생각했다. 하지만 울음을 멈추지는 않았다. 그리고 그다지 그럴 의지도 없었는지도 모른다.

누군가에게 떼를 쓸 만큼 짜증나는 일이 없으면 구실을 만들어서 울었다.

예를 들면 영화를 보는 일 따위였다.

스쳐가는 장면들.

좁은 극장에서 <안녕, 용문객잔>을 보다.

추위에 떨면서 <흔들리는 구름>을 보다.

혼자만 남겨진 집에서 커다란 TV로 <애정만세>를 보다.

너무도 기억에 남는 그날, <까페 뤼미에르>를 보다.

역시 아무도 없는 집에서 <영혼의 줄리에타>를 보다.

잘 기억나지 않는 장소에서<브로크백 마운틴>을 보다.

그리고….

그리고 다음 장면에서 나는 운다.

극장에서는 입을 손으로 막고 가쁘게 울음을 삼키거나 눈을 깜빡거리며 눈물을 떨어뜨린다. 하지만 엔딩 크레딧이 올라가는 동안 어떻게든 수습해보려고 애를 쓴다. 영화가 내미는 감정적인 손을 뿌리치지 못하고 내 감정이 격해져 버린 것이 부끄럽기 때문이다. 화면에서 나를 바라보는 인물의 눈에 설득되어 버린 것이 부끄럽기 때문이다.

혼자 있을 때는 긴 소파에 엎드려 엉엉 운다. 다 울고 난 뒤 딸꾹질이 나올 정도로 격하게.

그럴 때면 여러 가지 생각이 오고간다. 어째서 저런 영화를 만들어야 했을까, 이렇게까지 건조한 말투로 처연함을 이야기해야 할 만큼 억울했던 것일까,

왜 다들 인생이 인생이라는 것을 인정하고야 마는 것일까.

하지만 그것들은 나를 대신해서 누군가에게 억지를 부리거나 떼를 쓰는 중이었고, 나는 그들을 이용했다. 흔히들 '감동받았다'라고 말하는 이 감정은 한 걸음 떨어져 생각해 보면 비열하고 유아적이다. 그래서 곧 목으로 눈물을 넘기며 생각한다. 정신 똑바로 차리지 않고 부러 감정적인 회초리에 이끌려 다니는 건 참으로 편하구나. 하지만 비참하구나.

또 하나의 수단은 술이었다.

사실 술을 즐겨 마시는 편은 아니지만, 때때로 알코올에 잠식된 나의 몸은 재미있는 현상을 보이곤 한다.

언젠가 친구 두 명과 구석진 바에서 술을 진탕 마시고 있었다. 주인아저씨는 80년대를 잊지 못하는 음반 수집가였다. 가게의 벽 곳곳에 붙어 있는 LP판들과 LP판으로 만든 메뉴판, 그리고 아저씨의 다듬지 않은 길고 긴 머리카락이 그것을 증명했다. 그리고 내가 좋아하지 않는 종류의 음악이 계속해서 흐르고 있었다.

우리는 술을 얼마나 마셨는지도 몰랐고, 어쨌든 계속 마시고 있었다. 이야기의 흐름은 정처가 없었다. 정신이 흐릿한 와중에 내가 무슨 이야기를 하고 있었다. 세 명의 머리 위에 달린 하나의 전등이 흔들거리면서 갓의 그림자가 동요했다. 전등도 귀담아듣지 않을 만큼 정말 별 것 아닌 이야기였다. 하지만 나는 화가 나 있었다. 내가 이야기하는 그 주제에 대해서 화가 나 있었다. 한참 말을 하다가 문득, 눈구멍의 아랫부분이 뜨거워졌다. 시야가 반 정도 흔들흔들했다. 그리고 나는 내가 울고 있다는 것을 알았다. 대체 왜?

그 순간이 너무나 충격적이었기 때문에 다른 상황은 모두 잊었어도 내가 울고 있음을 깨달았던 순간만은 너무나 또렷하게 기억한다.

그리고 꽤 오랜 시간이 흐르도록 나는 그 일에 대해서 생각하고 있었다. 그 생각의 끝이라고 여겨지는 시점에서, 나는 그 사건을 이렇게 여기기로 했다. 눈물이 나와야 하는 시기가 지났는데도 도저히 핑계가 생기지 않자, 알코올에 절어 혼미한 상태가 되어 울어버린 거였구나. 제 정신으로는 세상의 눈치를 보아야만 하기 때문에.

그렇다면 눈물은 진정한 감정의 동요로부터 자극되는 것일까? 눈물이 난다는 것은 내가 그토록 미덥지 못해했던 '진심'이라는 것이 존재함을 입증하는 것일까?

나의 눈물은 어떠한가? 정말 '가슴이 벅차오르는가?' 아니, 벅차오르는 것 따위와는 상관이 없다.

억지 부리기인데도? 떼쓰는 것인데도? 내 감정을 비겁한 수단으로 남에게 강요하는 것인데도? 그것과는 별개로 진정성은 존재하는 것일까?

역시 이것조차도 나는 알지 못한다. 눈물이 정직한 감정의 표현인지 아닌지 전혀 알지 못한다. 항상 울어버릴 때에는 그러지 않으면 견딜 수 없을 것 같아 울어버리지만, 아주 조금의 시간이 지나 나의 눈물을 생각하면 우습고 역겹기 짝이 없어 실컷 비웃어 주곤 하기 때문이다(나는 지금 '정당한 감정'과 '진심'사이에서 오갈 데를 찾지 못하고 있다. 내 논리에는 명백한 모순이 있다. '정당한 감정'이라는 것이 성립하는가?).

결국 내 맘대로 안 되서 짜증부리는 것 밖에 더 되는가!

적어도 나에게는 그렇다. 감성적으로 '간절함', '애절함', '마음 저림'에서 눈물이 기인한다고 하는 것은 (게다가 그것을 정색하고 진지하게 말하는 것은) 한갓 핑계거리일 뿐이다!

나는 예감하고 있었다.
스스로를 감금할 나의 모습을 말이다.

아주 어릴 적부터, 나는 글을 쓰고 그림을 그렸다. 나의 그림은 건조했고 글은 화가 나 있었다. 물론 대단한 그림이거나 대단한 글이었던 건 아니다. 꼬마들이 긁적대는 그저 그런 것이었을 뿐이다.

나 혼자서 그림을 그릴 때는 몰랐다. 내 그림이 (무엇을 기준으로 하는지는 몰라도) 건조하다는 사실을. 그냥 그게 나의 전부일 뿐이었다. 그것이 내가 세상을 바라보는 눈이었고 방법이었다.

그리고 '교육'이라는 것의 개입으로 인해 좀 더 습기 차게 그릴 것을 강요받은 후에도 그 요구가 나를 혼란스럽게 할 거라고 예상하지 못했다.

굉장히 오랜 기간 동안, 나는 말이 아닌 이미지가 나의 언어라고 생각하면서 살아왔다.

이 글의 초반부에서 말했듯이, 나의 '말'에 대한 불신은 그야말로 엄청났기 때문이다.

하지만 내가 만들어 내는 이미지가 과연 나에게 적합한 언어였을까?

처음엔 그랬는지 몰라도 그것을 '배우'기 시작하면서 나는 할 말이 없어졌다. 내가 이미지를 통해 더 이상 말을 할 수 없다는 것을 느낄 새도 없이, 나는 더 이상 이미지로 아무 말도 할 수가 없게 되었다.

뭐, 그냥 닥치고 있어도 크게 상관은 없었다. 어차피 나는 종말까지 남은 시간을 때우고 있을 뿐이니까.

하지만 억울했다. 말했듯이 나는 내가 내린 옳은 결정과 나의 감정을 일치시키지 못하는 어쩔 수 없는 자이기 때문에, 나의 논리에 따르자면 억울하다고 느끼는 것은 가당치도 않았지만 정작 내 마음은 이대로 끝내기엔 뭔가 억울하다고 질질 짜고 있었다.

그렇지만 미련이 남아 새끼손가락의 끝이라도 잡고 놓지 않으려고 안간힘을 썼다. 아직 이미지로 할 수 있는 말이 남아있을 거라고 믿고 싶었다.

그리고 그것은 아직도 미해결된 문제이다.

남아 있을까?

아니, 나의 능력은 남아 있을까?

반면 나의 글은 아직도 화를 내고 있었다. 수 십 권의 일기장에는 일생을 거쳐 누적된 화들이 날뛰고 있었다. 이것만은 아무도 건드리지 않은 영역이었다. 어쩌면(비겁하지만) 말로써 무언가를 얻을 수도 있겠구나 싶었다.

나는 닥치는 대로 읽기 시작했다('진리'의 존재유무에 관심이 쏠려 책을 읽었던 때와는 다른 맹렬함이었다). 쓰는 것만은 망설였다. 어차피 내 손 끝에서 나오는 말들은 거짓일 것이며 그토록 불신하는 말을 나의 언어로 삼는다는 것이 말할 수 없이 비겁하게 느껴졌기 때문이다.

게다가 행여나 내 글의 독자가 생긴다면 그 뒷일을 어떻게 책임질 것인가? 그건 범죄행위였다.

그래서 조금 후퇴하여, 그들, 내 이전에 살았던 사람들, 나와 동시대에 살고 있는 그들은 어떤 말을 했는가, 하는가를 알아야만 했다.

이해도 가지 않는 책들을 붙잡고, 그 책에 관한 수업까지 들어가면서 내가 온갖 사상가들의 말들을 섭렵하려 노력하는 것은 더 이상 앎과 깨우침을 향한 욕망이 아니다. 그것은 나의 논리를 정당화 시킬 방법을 찾는 도구 중 하나이며, 내 생각이 닿을 수 있는 영토를 확장해서 어떻게든 돌파구를 찾으려는 몸부림이다.

결론적으로는 죽는 것이 정당하다는 것을 입증하기 위한 노력이었다. 그리고 그 행위는 지금까지도 계속되고 있다. 어쩌면 능동적으로 무언가를 창조하는 것보다 쓰여진 글이나 읽는 수동적인 자세가 나에게 더 어울리기 때문인지도 모르겠다.

하지만 진리가 없음을 증명하며 나의 뒤통수를 쳤던 그때와 마찬가지로, 그 수많은 말들은 여전히 나를 비웃고 있었다.

나는 그것들을 종합해서 나의 논리에 끼워 맞출 능력이 없었고, 똑바로 생각하려하면 할수록 엇갈렸다. 내 머릿속에서 미로의 처음과 끝이 점점 더 멀어지고 있었다.

하지만 지금까지도 포기하지 못하고 있다.

말들이 너무나 많기 때문이다.

그리고 서로 옳다고 우기고 있기 때문이다.

나는 차라리 시작하지 않은 것만 못한 상태가 되어있으나, 점점 더 나락으로 빠져들고 있다.

끝까지 가보지도 않았지만 끝은 존재하지도 않고, 말이고 이미지고, 다른 어떤 수단이건 간에, 그냥 벙어리로 사는 게 편하겠구나라고 생각한다.

어둠 속에서 곰곰이 마음을 헤아려보던 중, 나는 그 동안 너무 명확하게 알고 있었지만 애써 외면해왔던 진실을 인정야만 했다.

시작은 나 홀로라도 깨끗한 인간으로 남고 싶어서 이런 저런 실험들을 했던 것이지만, 사실은 의지가 부족했고, 그래서 냉소적인 척 했고, 그런 과정에서 나는 점점 수동적이고 왜곡된 사고를 하며 화내는 것 밖에 할 줄 모르는 상태에 이르렀다는 것을.

마음속에서 나를 패배자로 이끄는 것은 타인에 대한 불같은 분노이고, 그것은 복수를 위한 것이다. 그리고 나는 용의주도하게 그것의 성공적인 표출을 위해서 스스로를 '일부러' 내리 누르고 있는 것이다. 나의 '너무나 용기 없음'에 정당함을 부여하기 위해서 논리를 지어내고 온 세상을 깎아내리고 화를 품은 마음을 이를 악물고 버리지 않으려 했다.

하지만 눈치 챘는가? 나는 구원의 손길을 바라고 있었다. 나에겐 그 어떤 하찮은 것도 비판할 수 있는 자격이 없었다. 내가 가장 밑바닥이기 때문에.

나는 그야말로 <인간실격>이었던 것이다. 나에게

비판의 대상이 되려면 적어도 나보다 위선적이어야만 했다. 하지만 실제적으로 이보다 더한 위선과 거짓이란 있을 수 없었고, 이보다 비겁한 도망자는 존재할 수 없었다(이 문장이 억지 부리기인지 아닌지 맞춰보라).

또 한 번 나는 나를 길에 뱉은 껌을 밟듯 지저분하게 밟았다. 온갖 모순 되는 생각들이 서로 옳다고 난리였다. 사실은 그것들도 다 거짓이었다. 냉소로 뒤덮여 있다고 믿으려 했던 나의 가장 큰 욕망의 자리에는 사실 스스로에게 정당함을 부여하고, 가능한 한 가장 수동적인 자세로 웅크리고 있으려던 무기력함이 가득했다. 바로 내가 그렇기 때문에 타인에게서 그 점을 발견하고는 더럽다고 손가락질을 했다.

그것이 굉장한 과민 반응이었음을, 그래서 내가 이렇게까지 지칠 수밖에 없었음을 나는 너무 잘 알고 있었다.

그런데도 아니라고 도리질을 하느라고 목이 돌아갈 지경이었던 것이다.

과정은 다르지만 결과적으로는 반복되는 질문:

그렇다면 대체 무엇 때문에 인간 사회는 죽는 것보다 사는 것에 더 많은 의미를 두고 그것을 적극 권장하는가? 정말 도대체 왜?

심지어 '자살 방조죄'라는 것이 어째서 성립하는가?

생명이 소중하다는 것은 대체 어디서부터 기어 나온 신화란 말인가.

이젠 어둠이 조금 지겨워지기 시작했다. 그토록 안락하다고 느껴졌었는데, 처음에는 어둠에 싸인 나의 모습이 누에고치 같다고 생각했는데, 있는 대로 짜증을 낸 지금에서는 불타 죽은 나방 같았다.

어차피 생각해 봤자 알지 못하긴 마찬가지야, 죽거나 살거나 행동으로 옮기자, 무엇보다 계속 이렇게 누워있다가는 뒤통수나 엉덩이에 욕창이 생길 것만 같았다.

문을 열면 펼쳐질 공포에 대한 환상도 너무 반복해서 되뇌다보니 어느새 무뎌져 있었다. 아니, 말 그대로 죽기밖에 더 하겠어라는 생각이 들었다. 두려워 할 힘조차 남아있지 않았다.

불타 죽은 나방이 뭘 할 수 있겠는가?

몸을 일으켰다. 많이 뻐근하긴 했지만 나의 사지는 멀쩡했다. 움직임이 어색하긴 했지만 그 방법을 완전히 잊어버린 것 같지는 않았다. 침대에서 일어나 팔을 뻗어 문고리로 손을 가져갔다. 순간, 한 가닥 의혹이 내 손길을 멈추었다.

있을까? 없을까? 이 경계선 바깥에 예전에 있었던 그 '세상'이 있을까?

있으면 어떻고 없으면 어떤가. 어차피 나에게는 있는 것으로 인식될 것이다, 아니면 말고(이 쯤 되어서 나의 논리적인 사고는 마비되었고 나는 점점 더 좁은 원 안으로 파고들었다). 어차피 환각일 거라면, 내가 인식하는 모든 게 어차피 착각에 불과한 거라면, 이제 더 이상 옳고 그름에 대해서 생각하지 않아도 되는 것 아닌가?

그냥 닥치는 대로, 살아지는 대로 살면 되겠다(여기서 또 나는 환각과 착각이라는 인위적인 개념에 열등함을 부여하고 있지만 이젠 그것에 대한 죄책감을 느끼지 않는다). (아니, '옳고 그름에 대해 생각하는 것'이 환각과 착각보다 우등하다는 것은 또 어디서 나온 생각일까?).

문을 열었다. 경계선의 바깥 역시 깜깜했다. 아무도 없었다. 내가 살던 집이었다. 너무 오랜만이라 어색하긴 했지만 제대로 걸어보려고 노력하며 집을 둘러보았다. 부모님은 잠들어 있었다. 시계는 새벽 2시 37분을 가리키고 있었다.

나는 자살에 실패했을 때와 마찬가지로 아무 일도 없었다는 듯 거실에 있는 소파에 앉아 TV를 켰다. 내가 동굴 속을 통과하는 동안에도 그 화면에 나오는 사람들의 얼굴은 변하지 않았다. TV는 여전히 재미있었다. 나는 마음 놓고 내 앞의 직사각형이 뿜어내는 빛의 조합을 받아들였다. 그것이 담고 있는 내용도 아무 거리낌 없이 받아들였다. 이제 더 이상 고통스러워하고 고민할 필요는 없다.

어차피 마찬가지니까.

나는 빈 머리와 빈 가슴으로 일상생활을 예전과 다름없이 해나갔다. 딱히 웃거나 울거나 하지는 않았지만 그렇다고 딱히 감정이 없는 아이처럼 행동하지도 않았다. 그건 더 역겨운 일이기 때문이다.

얼마만인지 모르겠지만, 학교에 갔다. 그곳에는 여전히 그 사람들이 있었다. 내가 은둔 해 있는 동안 그들의 시간은 정말로 멈춰 있었던 것인지, 그들은 내가 다시 나타난 것에 대해서 아무도 언급하지 않았다. 마치 어제 봤던 아이를 오늘도 만난 것처럼.

아이들이 모여 있는 주변에는 나를 뒤통수치고 괴롭혔던 책들이 한가득 널려 있었다. 그들은 그것에 대해 이야기 중이었다. 아니, 멋있는 말로 토론 중이었다고 해야 하나? 책을 펼치고 손가락으로 집고 가리키고 다시 덮고 다른 책을 펼치고 상대방에게 보여주고 손가락질을 하는 식이었다.

나는 잠자코 앉아서 그들의 말을 듣고 있었다. 여전히 엄청나게 두꺼운 전제 위에 말을 얹고 있었고, 그 전제에 대해 한 톨의 의심도 없었다. 하지만 그들에게서 느껴지는 기운은 맹렬했다. 아니, 차라리 간절했다. 그들의 삶은 누가 꼼지락 거려놓은 몇 가지의 이론과 논증에 의해 움직이는 듯했다. 하지만 뻔했다. 그들의 이야기는 해봤자 밑도 끝도 없는 이야기이고 결론도 나지 않는다. 그들이 논하고 있는 소재의 성격부터가 그런 것이다! 다만 자신들의 사고과정을 드러내려는 의도인걸까? 그 과정이 가치 있다고 여기는 걸까? 그것이 이 세상에서는 가치 있는 것으로 여겨지는 성격의 것인가? 이젠 그것조차 모르겠다.

나는 저들이 옳다거나 내가 옳다거나 하고 판단하지 못한다. 저들과 내가 다르다거나 같다거나 하는 것도 알지 못한다. 이제 판단은 내 영역 밖의 일이거나 말 그대로 착각이다.

나도 얼마든지 저들의 대화에 동참해서 함께 열을 올릴 수 있었다. 단지 스스로를 같잖게 여기는 마음이 동행할 뿐이다. 어쩌면 우리들 모두가 그런 마음일지도 모른다. 그렇다면 이 말들의 열기는 모조리 유령일 가능성도 배제할 수 없다는 것일까?

이빨을 닦으려고 세면대 앞에 서서 그곳에 붙어 있는 거울을 봤다. 눈 주변이 보라색이었다. 아니, 보라색 점들이 촘촘하게 찍혀 있었다. 대충 화장을 하면 주근깨정도로 보이는 그다지 진하지 않은 점들이었다. 붉은 보랏빛의 점들이, 눈썹 뼈를 타고, 광대뼈 위쪽까지 내려와서, 다시 미간으로 돌고 있었다. 나머지 부분은 약간의 노란 빛을 띤 살색이었다. 눈 주위는 유난히 더 노란 빛이었다. 참, 어울린다고 생각했다. '조화'가 무엇인지는 모르겠지만 살색과 점들의 보색대비가 쪼그라든 입술과 참 잘 어울린다고 생각했다.

이것이 바로 무능력자의 얼굴인가.

내가 무엇을 할 수 있겠는가?

이빨을 닦는 것?

지하철을 탄다. 나는 지하철을 좋아한다. 아니, 특정 열차를 선호하는 것이 아니고 지하철을 타는 행위를 좋아한다(여기서 감정 형용사를 사용하고 있는 나를 용서하시라. 20년 이상 말에 길들여진 이상 나로서도 어찌할 방법이 없다). 그곳에는 매일 매일 온갖 것들이 넘쳐난다.

한 칸에 8개씩 있는 문의 양 옆에는 광고가 붙어 있다. 나는 그 광고에 실린 유명인의 사진을 보면서 그 사람의 과거의 한 장면을 훔쳐보고 있다고 생각한다. 지금은 뭘 하고 있든, 자신의 사진이 이렇게 나다닐 걸 알면서도 광고를 찍었겠지. 누군가가 사진을 보면서 비웃을 거라고 예상도 했을 테지. 그런데도 찍었겠지. 이상하게도 그것은 통쾌함 비슷한 감정이다.

사람이 별로 없을 경우 마주 앉은 사람들을 관찰한다. 사람들이 빽빽이 혹은 느슨하게 서 있을 때는 서 있는 사람 중 아무나 관찰을 한다. 이런 저런 생각들을 늘어놓는다(정말 생각을 '한다'기보다는 '늘어놓는다').

저 사람이 읽고 있는 책의 제목은 뭘까? 듣고 있는 음악은 뭘까? 저 이어폰은 어디서 샀을까? 저 신발은?

바지를 걷어 올리면 양말의 윗부분은 어떻게 생겼을까? 어디 가는 길일까? 허리 사이즈는 얼마일까? 치마를 걷어 올리면 종아리만큼 허벅지도 예쁠까? 가족과의 관계는 어떨까? 저 사람의 지배적인 기분은 뭘까? 어떤 연유로 같은 시간 같은 칸에 나와 함께 지하철을 탔을까? 지하철을 타기 전에는 뭘 했을까? 저 사람의 행로 중 어디부터가 나와의 교차점일까? 지금 무슨 생각을 하고 있을까? 저 휴대전화의 기종은 뭘까? 저렇게 비싼 가방을 들고 비싼 옷을 입었는데 자가용이 없어서 지하철을 탔을까? 어디서 내릴까? 내려서 어디로 갈까? 나가는 걸까 갈아타는 걸까? 저 연인은 교제를 시작한지 얼마나 됐을까? 저 사람은 자꾸 휴대전화를 열어서 시계를 보는데, 그러면 배터리가 빨리 방전 될 텐데….

그리고는 내가 앉아 있는 자리에 대해서도 질문을 해 본다. 여기 몇 명의 사람이 앉았었을까? 나는 이

자리에 몇 번이나 앉았을까? 노숙자가 한번 쯤 잠을 잤던 자리일 것이다. 무언가를 흘렸던 자리일 것이다. 왜 내 옆자리가 비었는데 아무도 앉지 않을까? 마주앉은 사람은 날 보면서 무슨 생각을 할까? 하필 나와 마주앉게 되었을까? 이렇게 직선으로 짝지어지는 것은 무엇을 뜻할까? 당연히 아무것도 뜻하지 않는다.

지하철 바닥을 본다. 벌레가 기어가면 그 벌레를 집요하게 눈으로 좇는다. 저 사람의 발밑으로 기어들어가겠군, 가겠군, 가겠군…. 그 사람은 벌레가 있는지도 모르고 밟아 버린다. 벌레는 절름발이가 되어 황급히 도망치거나 죽어버린다.

바닥에 신문지가 있다. 바닥에 우산이 있다. 바닥에 가방이 있다. 바닥에 그 열차의 호선을 표시하는 색깔의 줄이 그어져 있다. 등산용 지팡이도 있다. 뭐가 담겨 있는지 알 수 없는 검은 비닐도 있다. 휴대전화에 매다는 장식 고리도 떨어져 있다.

있다.

그렇다.

거기까지만 이다. 나는 그냥 질문을 할 뿐 답하지 않는다. 이젠 더 이상 답을 원하지도 않는다. 눈에 보이는 것을 그냥 받아들인다. 더 이상 눈을 불신하지 않는다. 그렇다고 믿는 건 아니지만, 아무렴 어때, 하고 생각한다. 이것이 스스로를 고문해 지치게 만든 내가 취할 수 있는 최선의 태도이다. 아니, 그냥 이러는 편이 가장 수동적이기 때문에 선택한 건지도 모른다.

아무렴 어때.

마트에서 장을 보는 것은 곧 매우 무거운 물건들을 들어야 한다는 뜻이기 때문에 어머니는 항상 마트에 갈 때 나를 동행하신다. 그리고 나에게도 그 곳에 가는 일은 꽤 즐겁다. 갈 때마다 모든 것이 새로워지기 때문이다. 같은 종(種)일지라도 한 시간 전과 한 시간 후에 그 진열대에 놓여 있는 물건은 서로 다른 개체이다. 추상화된 개념들의 진열대.

그 날도 어머니를 따라서 대형마트에 장을 보러갔다. 마트에는 사람들이 넘실대고 있었고 카트에 탄 꼬마들이 신나서 괴성을 질러댔다. 물건들이 무지막지한 높이로 쌓여있고 너무나 복잡해서 도저히 길을 찾을 수 없었다. 황망한 높이의 천장에는 벌거벗은 형광등들이 연타로 엄청나게 늘어서 있다. 그 장소는 마치 꿈같은 느낌을 선사한다. 너무나 현실적이어서 비현실적인 느낌.

형광등. 너무 밝다(무엇을 기준으로 밝은가). 덮개가 없다. 너무 많다(무엇을 기준으로 많은가). 규칙적으로 붙어있다. 천장. 가늠할 수 없을 만큼 높다(무엇을 기준으로 높은가, 잠깐, 기준을 설정하려는 건 왜인가. 이유를 꼭 알아야 하겠나?).

형광등, 천장,

빈 방에 들어찬 꽉 끼도록 커다란 사과.

창문으로 보이는 바다.

형광등, 천장, 큰 사과, 부풀은 사과.

공포.

어쨌든 나는 무엇을 사야할지 전혀 모르기 때문에 엄마를 잃어버리지 않도록 졸졸 따라다녔다. 눈에 들어오는 것들이 정말 많았다.

이 활기, 상인들과 손님들, 그리고 진열된 물건들과 카트에 담긴 물건들이 뿜어내는 명랑함, 형광등과 어울리는 통통하고 눈가에 피가 고인 생선들, 비린내, 여기저기서 외쳐대는 확성기를 통해 흘러나오는 리듬감 있는 목소리들.

마치 3일 같은 1시간을 그 북새통에서 보내고, 드디어 계산대 앞에 줄을 섰다. 앞의 두 사람의 계산이 한참 만에 끝나고, 드디어 우리 차례가 왔다.

직원이 손에 든 빨간빛이 나오는 기계를 상품의 바코드에 갖다대면 소리가 나면서 금액이 계산된다.

삑 삑 삑 삑 삑 삑 삑 삑 삑 삑 삑

삑 삑 삑 삑 삑 삑 삑 삑 삑 삑 삑

삑 삑 삑 삑 삑 삑 삑 삑 삑 삑 삑

삑 삑 삑 삑 삑 삑 삑 삑 삑 삑 삑

삑 삑 삑 삑 삑 삑 삑 삑 삑 삑 삑

삑 삑 삑 삑 삑 삑 삑 삑 삑 삑 삑

형광등과 마찬가지로 엄청나게 늘어서 있는 각각의 계산대에서 바코드를 찍는 소리가 가깝게 멀게 가깝게 멀게 들려왔다.

나와 같은 시간에 나와 같은 공간에서 나와 같이 물건을 고른 사람들이 물결처럼 흐르고 있었다. 그들이 늘어놓은 물건들이 삑삑 소리를 냈다. 아주 멀리 떨어진 첫 번째 계산대에서부터 여기 제일 끝 계산대 이르기까지, 소리는 겹쳐지기도 하고 리듬을 타기도 하면서 끊어질 기세가 보이지 않았다. 그 소리는 나에게 중력을 느낄 수 없게 만들었다. 삑삑거리는 빨간 점들이 몸의 곳곳에 박히고 있었다. 현기증이 나는 것을 꾹 참았다. 그 소리는 마트의 문을 나서는 순간까지 광대한 울림으로 나를 밀어냈다.

바코드를 찍는 소리.

희미하게 번지는 빨간 점.

마트의 문을 나섬과 동시에 나는 내가 다시 생각할 필요가 있으며, 당장 걷고 말하고 반응하는 등의 일상생활을 할 능력을 빼앗겼음을 깨달았다. 또다시 눈 뜨고 깨어 있는 상태를 견딜 수 없어 하는 지점으로 돌아온 것이다.

그렇다면 다시 원점?

아니, 그건 아니다. 더 이상 이런 저런 이유를 대서 정당화 하고 싶은 욕심은 없었다. 그저 내가 어떻게 소멸할 수 있는가에 관심이 다시 집중됐을 뿐이었다.

하지만 그것은 이전과는 성격을 달리했다. 나는 더 이상 깨끗하기 위해서, 죽어야만 더 이상 죄를 짓지 않기 때문에 없어지려고 하는 것이 아니다. 그저, 이 못 견딜 만큼 안절부절못하는 존재를 빨리 끝내고 싶은 것이었다.

더 이상 귀찮은 의식이 나를 괴롭히는 것을 참을 수 없었기 때문이다.

누군가와 대화를 한다. 장소는 커피숍, 우리가 앉은 자리의 옆으로는 거리가 내다보인다. 내가 나에게 허용한 말은 한정되어 있었다.

음료가 녹색이네요(음료가 맛있네요, 혹은 맛없네요. 금지), 컵이 흰색이네요(컵이 예쁘네요, 혹은 못생겼네요. 금지). 이 화분에 심어진 꽃은 조화군요(정말 생화 같네요, 혹은 예쁘네요, 혹은 못 만들었네요, 혹은 이 카페와 잘 어울리네요, 등등 금지). 창밖으로 검은 옷을 입은 남자가 지나가네요(저 남자 멋있네요, 혹은 못생겼네요, 혹은 무슨 직업을 가졌을 것 같네요, 성격이 어때 보이네요, 금지). 테이블에 바둑판무늬가 있네요(좋은 디자인이네요, 혹은 정말 이상하군요, 금지). 모든 테이블이 꽉 찼네요(사람이 많네요, 혹은 사람이 별로 없네요, 금지). 바깥에서 음악을 틀어놓은 소리가 들리네요(시끄럽네요, 혹은 듣기 좋네요. 금지). 당신의 안경테는 검은색이군요(잘 어울리네요, 혹은 안 어울리네요, 혹은 두껍네요, 혹은 얇네요, 금지). 의자가 나무로 되어있네요(편안하네요, 혹은 불편하네요. 금지). 이 커피숍에서는 케이크를 파네요. 케이크'도' 파네요, 혹은 먹고 싶네요, 혹은 케이크가 예쁘네요, 혹은 독특하네요. 등 금지).

하지만 나는 화가 났다. 말끝마다 가로를 달아대는 나에게 화가 났고 그렇게 하지 않으면 귀찮은 일이 발생하고야 마는 모든 상황에게 화가 났다. 그래서 다 무시하고 되는대로 지껄였다.

말 한마디 내뱉을 때마다 쌓여야 할 죄책감이 너무나 무거운 나머지 나는 그것을 느끼는 데 마비되었다.

수억 개의 실을 팽팽하게 잡고 있었지만 한두 개를 포기하지 못해 모두 놓아버렸다. 화가 치밀어 올랐다.

이성과 감성이 분리되어 있는지 확신할 수는 없지만 나의 이성은 마비되고 있었고 감성은 사그라지고 있었다.

눈물이 나왔다.

내가 무엇을 할 수 있겠는가? 라는 질문을 던지는 것조차 역겨웠다.

이 쯤에서 당신은 눈치를 채야 한다.

내가 여태껏 늘어놓은 말들이 모두 거짓말이라는 것을.

내가 처음부터 말하지 않았는가? 말로는 진짜인 것, 빈틈없는 전체인 것을 표현할 수 없다고 말이다. 그런데 나는 계속 말을 지껄이고 있지 않은가? 내가 왜 글을 쓰는지도 모를 일이지만 당신이 이 글을 계속 읽는 것도 이상한 일이라고 생각하지 않는가? 나는 계속해서 내가 했던 말을 번복하고 있고 정처를 모르고 헤매고 있으며, 말도 안 되는 논리로 억지를 쓰고 있다. 그리고는 또 그것에 대해 자책까지 하고 있다. 당신은 지금쯤 이 생각 없는 글을 내던지고 나에게 간단한 욕지거리를 해도 좋을 것이다(그럴 가치라도 있다면 말이다).

하지만 아무렴 어떤가. 이제는 상관없다. 왜냐하면 나는 진흙탕 속에 몸을 던졌기 때문이다. <방드르디, 태평양의 끝>에 나오는 로빈슨 크루소처럼 진흙탕의 유혹을 이겨내고 일어설 기운도 없었고(그래, 용기는 이제 나와는 너무 멀어진 말이다. 용기는 당연히 없었고, 무엇보다 기운이 없었다), 그러고 싶지도 않았다.

거짓말이고, 억지고, 말도 안 된다. 알고 있다. 지루하고, 질펀하고, 막연하다. 그렇다고 이제 와서 수습할 생각도 없다.

내 눈 주변의 보라색 점들은 점점 늘어나고 있다.

그것들 역시 망연하게 쳐다볼 수밖에 없었다.

집에는 아무도 없다. 나 혼자 뿐이다. TV는 빛이 너무 밝아 마주할 수가 없다. 넓은 집에 빛을 발하는 물체라고는 컴퓨터의 모니터뿐이다.

컴퓨터 앞에 의자를 놓고 마주 앉는다. 두 발을 의자 위로 올리고 무릎에 턱을 고인다. 검색 사이트를 띄워놓고 가만히 바라본다. 자동적으로 글자들을 읽는다. 많은 일들이 일어나고 있구나. 사람들이 있구나. 뭔가를 하고 있구나. 내가 저 안으로 뛰어들 수는 없다. 자격미달, 욕구바닥.

바라본다.

그냥 그렇게 몇 시간을 바라보고 있었다.

집안을 가득 채운 어둠과 검색 사이트가 띄워진 모니터는 꽤나 어울렸다. 마치 감옥 안에 던져진 고구마처럼.

나는 자살시도를 다시 이어가야 할 필요성을 느꼈다. 나는 존재 자체가 피해인 사람이었다. 당신은 이렇게 생각하는 것 역시 방어적인 어리광일 뿐이라고 나를 질타할 수도 있겠지만, 이제는 옳은 말을 하고픈 욕심이 없다.

나의 의식이, 나의 존재가 나를 귀찮게 했고, 내가 나를 멍청하고 지루하다 느꼈고, 내 머릿속에서 돌아가는 생각들을 더 이상 돌릴 필요도 없겠다는 확신이 생겼다. 그것들은 그럴 가치도 없었다. 처음부터.

그것을 깨닫는 데 시간이 조금 걸렸을 뿐이다. 하지만 사실 죽으려고 애쓰는 것도 귀찮긴 마찬가지였다.

그래서 내가 네 번째로 선택한 방법은 지하철에 깔리는 것이었다. 아무리 생각해 봐도 지하철에 깔리는 것처럼 순간적으로 확실하게 죽을 수 있는 방법은 없었다.

염탐에 들어갔다. 사람들이 우르르 몰려서 지하철을 타고 그 열차가 지나간 뒤, 아무도 없을 때를 틈타 선로로 내려가 사람들의 눈에 띄지 않는 역과 역 사이의 공간으로 가서 누워 있으면 되겠다. 양쪽 바퀴에 다 깔리려고 욕심 부리면 내 키가 작아서 실패할 수도 있으니까 확실하게 한 쪽 바퀴가 지나가는 곳에 세로로 몸을 걸치자.

그런데 예상 밖의 걸림돌이 있었다. 사람들이 한 차례 지하철을 타고 열차가 떠나간 뒤, 공익근무요원들이 안전봉을 흔들거리며 무료하게 나돌아 다니고 있었던 것이다. 저런 개자식들!!!

너희 때문에 내가 죽지 못한다고! 어쩔 거야!!!

공익근무요원 때문에 자살하지 못한다는 것은 정말 나의 우스운 자살시도와 그 우스운 핑계거리에 썩 잘 어울리도록 비굴하기 짝이 없는 이유라는 생각이 들었다.

공익근무요원을 발견하고 난 후, 나는 또 한참동안 잘 나다녔다. 언제나처럼 무슨 일이 있었냐는 듯이. 친구도 만나고, 학교도 가고, 영화도 보고, 물론 쇠망치로 한 대 후려 맞은 몸과 정신을 가진 채로 말이다.

어떻게든 되겠지.

어찌됐든 내가 애쓰지 않아도 시간은 흐르니까.

내가 애쓰지 않아도 종말은 오니까.

게다가 점점 가까워지니까.

그날은 영화를 보고서 지하철을 타고 집에 오는 길이었다. 나는 집에서 가까운 역에 당도하여 지하철에서 내렸고, 사람들은 우수수 몰려 내려서 바깥으로 이어진 계단을 올랐다. 나는 바로 따라 올라가지 않고 잠시 의자에 앉아서 그 장면을 바라보았다. 저기에 끼어서 같이 올라가기에는 몸이 너무 힘들었다.

사람들이 다 올라가고 난 후, 휙 돌아 본 승강장에는 아무도 없었다. 정말 아무도 없었다. 빌어먹을 공익근무요원도 없었다.

나는 곧장 가방과 겉옷을 승강장에 있는 벤치에 내려놓고 냉큼 선로로 뛰어내렸다. 그 와중에도 드는 생각은 - 이거 내가 아끼는 옷인데 더러워졌다 - 정말 혼이 빠지도록 우스웠다. 아마 몸에 조금만 기운이 있었더라면 히죽이라도 웃었을 것이다.

역과 역 사이는 생각보다 꽤 멀었다. 한참을 가야 했다. 내가 가고 있는 도중에, 준비도 되지 않았는데 열차가 지나갈까봐 걱정스러웠다.

한참을 걸어 적당하다고 생각되는 곳에 도착하고, 나는 선로와 선로 사이에 있는 기둥을 받치는 바닥에 앉았다. 휴대 전화를 꺼냈다. 그 당시 가장 가깝게 지내던 친구에게 전화를 했다. 난 오늘 드디어 소원 성취를 한다고. 부럽지? 속으로 중얼거리면서. 그 사이 내 양 옆으로 몇 대의 열차가 지나갔다. 친구는 울고 있었다.

열차가 또 한 번 지나갔다. 이쯤 했으면 됐다 싶었다. 설마 네가 정말 죽을 수나 있겠냐, 그건 네가 택하기엔 너무 능동적인 행동이라고 생각하지 않냐 하고 속으로 중얼거리면서 나는 다시 우리 집이 있는 역 쪽으로 걸어가서 힘겹게 승강장 위로 올라갔다. 몇 명의 사람들이 있었지만 내가 그들을 보지 않았기 때문에 그들이 나를 어떻게 봤는지는 알 수 없었다. 아무튼 아무도 다가오거나 사정을 물어오지 않았다.

'이거야 말로 정신병자로군'하고 생각했다.

나는 희열을 느끼고 있었다. 하지만 그것은 당당할 수 없는 희열이었다. 비겁한 행동이었다. 하지만 어쨌든 상관없었다.

내가 의자에 앉아서 더러워진 손을 문지르고 있는데, 부모님이 달려오셨다. 아뿔싸, 그 친구가 엄마의 번호를 알고 있었구나. 젠장, 실수다. 부모님은 풀썩 주저앉아 울음을 삼키느라 말도 제대로 못하고 계셨다. 나는 아무 설명도 하지 않고 그냥 일어섰다.

나는 그냥 화난 표정을 하고 부모님의 손에 이끌려 집에 들어갔다. 세수를 하고 얼굴이 건조해서 수분 크림을 잔뜩 발랐다. 불을 끄고 이불을 뒤집어쓰고 얼굴 근육을 모조리 찡그렸다.

잠깐 굴욕적인 기분이 들었다.

하지만 잠깐이었다. 나는 나의 가장 반가운 곳으로 금세 떠났다. 그것도 아주 마음 편히. 부모님이 걱정을 하시든 친구가 울건 내가 알 바 아니었다. 나에게는 당장 내가 누운 침대 위에서 잠이 드는 것이 가장 중요했다. 그들에게 내가 있어봤자, 나에게 그들이 있어봤자, 무슨 차이가 있단 말인가? 그토록 기억에 연연해하는 인간들이 어째서 대상의 실존을 간절하게 바라는가? 시체가 되면 슬퍼하는 이유는 뭔가? 불쌍하다는 생각이 드는가? 살아 있는 자신의 생명을 뼈저리게 느끼며 감사하게 되는가? 이기적이다. 그런데 이기적이라는 걸 모른다. 그 눈물을 흘리는 눈알을 잡아 빼버리고 싶다. 흐느끼는 입에 돌덩이를 집어넣고 싶다.

진정 내가 여태껏 주절거린 말들은 무엇이란 말인가?

의식이 있음을 원망한다고 했다. 의식은 나를 질병의 나락으로 이끌었다. 깨끗하고 싶다고 했다. 모든 개체들의 병렬적인 관계를 주장했다. 나의 논리는 앞뒤가 하나도 맞지 않는다.

나는 엄청나게 간절한 것인 양 목숨까지 가볍게 만들어 가면서 고집을 피워대고 따지고 들고 삿대질을 했지만 너무 빨리 지쳐버렸다(목숨'까지'? 아직도 목숨에 큰 가치를 부여하고 있단 말인가? 내가 나를 경멸할 수 있는 함정은 먼지보다 많다).

그러고 나서 곧바로 진흙탕에 몸을 담갔다. 이것은 손을 놓아버렸다는 뜻이다. 내가 나를 돌보기를 포기했다는 뜻이다. 많은 입들이 이렇게 말한다.

"제가 저를 사랑하지 않는데 누가 저를 사랑해 주겠어요?"

난 도대체 무슨 뜻인지 모르겠다. "지금 알고 있는 걸 그때도 알았더라면" 혹은 "당신이 흘려보낸 오늘이 어제 죽은 사람에게는 그토록 간절한 내일이었다.” 혹은 “사랑하라 한 번도 상처 받지 않은 것처럼” 따위의 최고로 경멸스러운 문구들이 내 귀를 통과하지만 난 더 이상 경멸할 기운도 없다(열을 내고 경멸해서 뭘 얻겠다는 건가?)(어떤 행동의 결과로 무엇을 얻어야만 하는가?)(물음표는 더 이상 성립하지 않는다. 아, 집어 치우자).

나는 저것들을 경멸하기 전에 나를 경멸해야 했다. 끝까지 고군분투하리라 확신했던 건 아니지만, 그것이 나의 작동방식이라고 생각했다(‘믿었다’ 는 단어는 사용이 꺼려진다). 하지만 아니었고, 그래, 나는 확실하게 나를 경멸하고 있었다(이쯤에서는 의식이 있음을 원망하는 것인지 그 의식의 주인이 나임을 원망하는 것인지 알 수 없게 되어버렸지만, 그것을 또 명료하게 밝혀내려는 욕심은 조금도 없었다. 그냥 뒤섞어 버렸다) 하지만 최선을 다해서는 아니었다. 내가 가장 수동적으로 할 수 있는 일이라고는 이제 딱 한 가지, 나를 경멸하는 것 밖에 남지 않았는데 그것조차 최선을 다할 기운이 없었다.

나 역시 어떤 사람에게 뭉글뭉글한 감정을 느꼈다.

다른 사람들이 하는 것처럼 사랑한다고 말해보기도 했다. 희망에 부풀기도 했다. 이 사람만 있으면 나는 환각상태에서라도 살 수 있겠구나, 고통스럽지 않게. 하지만 정말 잠시뿐인 이 착각에서 벗어남과 동시에 쌍방향으로 작동하지 않는 상대방과 나의 감정의 흐름을 보며(당연한 일이었지만) 모든 것을 멈추고 사그라져버리기도 했다.

그리고는 시간이 흐르는 것만큼이나 당연한 절차로 다시 나를 경멸했다. 최선을 다하지 않는 경멸. 어쩌면 그것이 최고 더러운 것에 대한 최고의 욕일지도 모른다는 생각이 든다.

우습게도 짜증이 났다. 이젠 화도 분노도(생각해보면 화라든지 분노라든지 하는 감정은 어떤 종류의 정의감이 밑바탕이 된 감정이다. 하지만 나에게 정의감 따위가 있을 리 만무하지 않은가!) 아니고, 짜증이었다. 어릴 때 곤한 잠을 깨우면 상대를 가리지 않고 발길질을 해댔던 그때와 똑같은 짜증.

나는 어느새 내가 나의 상상을 실제로 이루어 가고 있다는 것을 눈치 챘다. 어려진다. 엄마의 뱃속으로 들어간다. 존재의 근원부터 사라진다.

나는 지금 이 달콤한 상상의 첫 단계에 들어서고 있는 것이 확실하다! 어려진다(성장하는 것을 거부한다!)!

난 다시 나의 안식처를 찾아야만 했다.
나의 방, 그 곳에 머무는 어둠, 이불, 잠.

다시 동굴 속으로 기어들어갔다. 그 환상적인 상상의 첫 단계에 들어섰음을 인식한 이상 끝까지 가야만 했기 때문이다.

가만 생각해보면 이 글의 시작에서부터 나는 이 단계였다. 내가 이 단계에 접어들고 있음을 눈치 채는데 이렇게나 많은 말들이 필요했던 것이다.

휴지만큼 힘없고 약했다. 용기라고는 상상도 하지 못했다. 수동적이었다. 자신이 없었다. 모든 것에 대해 지는 것은 할 수 있었지만 어느 하나를 상대로도 이길 수 없었다. 마음대로 되지 않아 떼 쓸 상대가 필요했다. 억지 부리고 주저앉아 심통 부려도 나를 발로 냉큼 차버리지 않을 상대가 필요했다. 그런데 그런 나의 마음가짐이 너무 싫었다. 아닌 척 해야만 했다. 나는 태어나고는 줄곧 자라지 않았는데, 그것을 감추어야 했다. 너무 창피했다. 그렇지 않으면 나의 경멸뿐만 아니라 세상의 손가락질을 견뎌야 하리라. 게다가 나는 나를 보듬어 줄 상대를 찾을 수 없었다. 누가 그런 상대가 되어 주겠는가? 어느 누가 이토록 극단적으로 이기적인 한 생명을 위해 자신의 전부를 희생하겠는가? 헌데 나는 그것이 필요했던 것이다. 육체의 발생과 함께 가장 더러운 영혼을 획득해버린 것이다. 처음부터 따지고들 자격도 없었다.

가장 더러운 주제에 깨끗해지고 싶다는 희망을 품었다. 의도적으로 그 희망을 망가뜨렸다. 그것은 명백하게 의도적인 끌어내림이었다. 그렇게 하면 누군가가 다시 와서 나를 일으켜주지 않을까 하고 기대했다.

하지만 다들 각자의 사연들이 있었고 그들도 나와 마찬가지였다(하지만 나처럼 성장을 멈춰버리거나 더 퇴행해버리는 사람은 없었다. 그들 모두 나보다 훌륭했다. 모두).

그리고 그것은 무엇보다도 누군가를 향한 복수였다. 성장하지 않은 신생아 괴물이 분노만을 속으로 쌓고 쌓아 칼을 만들어 내밀었다. 나의 의식에 대한 복수였다. 나의 어리석음과 멍청함에 대한 복수였다. 나를 비뚤게 보는 똑바른 세상을 향한 복수였다. 4차원을 이해하지 못하는 인간인 주제에 생각할 수 있는 능력을 가져버린 '인간 종(種)'에 대한 복수였다. 나의 진심을 외면한 사람들에 대한 복수였다. 그렇게 함으로써 나에게 시간과 감정의 관계에 관해 생각하게 만들어버린 빌어먹을 놈들에 대한 복수였다. 내가 위선을 배운 자들에 대한 복수였다. 궁극적으로는, 나를 태어나게 한 것에 대한 복수였다.

자, 그러니까 나는 이미 나의 상상 속에, 나의 유토피아로 향하는 문 앞에 서 있었던 것이다. 비록 그 모습이 흉하고 기력이 없을지라도 말이다.

이제 내 마음대로 되지 않는 것은 없다. 왜냐하면 나는 시간을 통제할 수 있기 때문이다. 깨닫지 못했을 뿐, 그 절대적인 권력은 나에게 있었던 것이다. 모든 것은 시간을 마음대로 지휘할 수 있을 때 가능해진다.

23년이라는 시간을 통제하면서 살아왔는데, 뒤를 돌아 볼 수 있는 것은 당연했다. 나는 이제 뒤를 돌 것이다.

마지막으로 나의 동굴을 살펴본다. 하나의 공간 속에 너무나 많은 층위의 현실들이 영입되어 있다.

하나의 물체에, 한 구석의 공간, 그리고 그것들을

다 합친 나의 이 동굴에. 하지만 내가 지금 붙잡을 수 있는 것은 시간을 되돌리는 일뿐이다.

나의 결론이 또 어떤 의심을 필요로 하는 기막히게 어이없는 전제를 깔고 앉아 있다 할지라도 이젠 상관없다. 더 하기 싫다. 지긋지긋해.

의심하는 행위를 의심하면서 시작했어야 했다. 어째서 처음부터 의심하는 행위는 나에게 그토록 절대적이었을까? 물음표는 성립하지 않는다고 단언한 지금에 와서도 나는 물음을 던진다. 이젠 물음표에 대해서도, 이유 따위에 대해서도 알고 싶지 않다. 그리고 그것들은 실체가 없다. 모든 것들은 실체가 없다.

정말 의심하는 행위를 의심하면서 시작해야 했을까? 아니다, 그러면 나의 종말이 훨씬 더 고통스럽게 늦춰졌을 것이다.

지금 나는 끔찍한가?

지금 나는 불행한가?

지금 나는 삶을 생각하고 있는가?

아니, 지금은 어떤 물음을 던져도 아무 말도 할 수 없다. 애초부터 그렇게 했어야만 했기 때문이다.

나는 지금 뒤를 돌기 위한 준비를 하고 있다. 어둠 속에서, 창틀에 헤드폰 줄을 묶고 있다. 떨어지지 않게 단단히 고정시키고 있다. 이 헤드폰은 가정용으로, 휴대용 헤드폰의 끈처럼 약한 끈을 가지고 있지 않다. 두 줄짜리 튼튼하고 긴 끈을 달고 있다.

이렇게 글을 쓰기까지도 많은 망설임이 필요했다. 아무 말도 하지 않아야만 한다는 결론을 떠안고서 본격적으로 말을 하려하다니 대체 이게 무슨 짓인가?

글을 시작함과 동시에 몇 가지 생각이 버릇처럼 스쳐갔다. 이것은 죄를 짓는 것이다. 위선이다. 가장 더러운 짓이다.

하지만 그것들을 놓아 버린 지 꽤 오랜 시간이 지나지 않았나. 한번쯤 나만큼은 나를 좀 봐주자.

이제는 질긴 헤드폰 줄로 목을 넣을 구멍을 만든다. 당기면 더 조여들도록 매듭을 만든다.

당신이 읽고 있는 이 글은 '구제불능'이고 '어쩔 수 없는' 한 의식의 억울함이다. 나는 나의 종말을 배반

해야 할 만큼 억울하다. 눈물이 날 정도로 억울하다(그래! 이건 핑계다! 그래서 어쩔 셈인가!). 아무것도 알 수 없고 아무것도 할 수 없고 그래서 아무것도 아니라는 게 억울하다. 손가락 하나 까딱해서는 안 되는데 움직일 수 있는 능력을 가지고 태어난 것이 억울하다.

목을 매듭 안에 집어넣고 발밑에 있는 의자를 차서 넘어뜨린다. 어둠도 보이지 않는다.

내가 하는 말이 같잖다고 생각하는가?

당신이 뭐라고 생각하든 이제 그것에 대해 왈가왈부하지 않겠다. 그것까지 상관하기엔 내 몸이 지쳤다. 마음이 아닌 몸이 헐었다. 그러니까 마음대로 생각하라.

이 글의 마지막 마침표와 함께 나의 의식도 끝이 날 테니….